映画と歩む、新世紀の中国

CHINA

Walking the new century of China through films

多田麻美──著

晶文社

カバー・表紙・扉写真
張全

装丁
岩瀬　聡

映画と歩む、新世紀の中国——目次

2部　現代中国の諸相

はじめに

社会の差を踏まえる

「中国のことを描いた映画」や「香港映画」ならともかく、「中国映画」、とくに大陸の映画となると、ぐっと存在感が薄くなってしまうのが、今の日本ではないだろうか。中国の経済や政治にはリアルタイムで注目していても、現代の文化となると、とたんに興味を失う人は多い。中国文化への興味といえば、その対象は書画や二胡などの伝統芸術、あるいは唐詩や『三国志』に代表される、古典文学などに限られていたりする。

もちろん、個人の嗜好の問題もあるから、別にそれでも構わないのだが、やっぱり何だか寂しいし、内向きな気がする。同時代にすぐ隣の国で、野心と才能に溢れた映画人たちが、深いメッセージを込めた映画を次々と生みだしているのに、その存在さえ知らずに過ごしているのだから。

人もモノもどんどん国境を越えるようになった時代に、優れた作品が国境に隔てられているのはもったいない。そんな気持ちに駆られ、私は本書の執筆を始めた。

一九九三年に、京都のみなみ会館で『黄色い大地』のリバイバル上映を観て衝撃を受けたことから始まった私の中国映画体験は、翌年、『さらば、わが愛／覇王別姫』を満席となった同映画館で「立ち見」で観るなどの経験を経て、徐々に深まって行った。北京生活を始めた二〇〇〇年以降は、新作の上映をリアルタイムで追うようになり、現在に至る。

正直な話をすれば、私も、最初から中国映画の世界にどっぷりと入りこめた訳ではない。中国の現代史に関する知識が乏しかったこともあり、最初は中国映画を「分かりにくい」と感じた。一九九〇年代後半以降の中国映画には、作品そのものから直接強い政治的メッセージが読み取れるというよりは、中国の現象や社会的特質を、ときにユーモアやミステリー的要素、風刺などを交えつつ、様々な角度から描いた作品が多い。その場合、しばしば日本と中国が経てきた歴史の差や、社会、生活環境の差が日本の観衆の作品への理解を妨げる。

そのため、本来なら映画は作風やテーマや監督ごとに分けて紹介するべきところを、本書ではあえて、ある程度時間軸を意識し、時代や社会環境の変化に沿って作品を紹介することで、「分かりにくさ」の軽減に努め、内容の理解を後押しすることにした。

新世紀を担った第六世代

やや学術的ないい方をすれば、一九九〇年代から二一世紀最初の十数年にかけて作品を発表した監督の多くは「第六世代」と呼ばれる世代に属し、その多くが一九六〇年代から七〇年代初頭生まれだ。近年、映像作品も手掛けている一九六八年生まれの彫刻家、向京が、あるビデオ作品でこのような主旨のことを述べている。「自分は幸運な世代に属する。文革を体験していながら、文革によって人生が深い痛手を被ったわけではない。海外の思潮を受け入れた八〇年代の開放的な時期に青春時代を過ごし、文章での表現より視覚芸術が重んじられるようになった九〇年代に彫刻家になり、美術市場が好景気となった二〇〇〇年代に作品を発表している」。美術と映画の差こそあれ、この言葉はある程度、王小帥や賈樟柯などの第六世代の映画監督にも当てはまるといえる。

だがこの世代は、文革後の大きな政治環境の変化と、改革開放政策がもたらした急激な経済発展を体験する中で、それらが「置き去りにしたもの」を見つめる使命を担わされた。計画経済の時代に生まれつつも、市場経済の浸透に伴い、社会の格差が拡大していく様子をまざまざと目にした彼らはしばしば、その結果生まれたひずみを批判的な角度から描写する。彼らの作品は往々にして、物質的なうわべだけの繁栄に冷めた目を向ける。

中国では、経済発展のひずみや格差の問題を指摘することは、政府批判と捉えられかねず、それなりに勇気がいる。だが彼らは強い意志と行動力を貫き、さまざまな知恵を駆使して作品を撮っている。そんな映画がもつ表現は、時にパンチが効いていたり、何気ない表現が深い意味を孕んでいたりして、はっとさせられる。

映画の選択の範囲

本書ではおもに一九九〇年代から二一世紀の最初の一五年前後の間の大陸映画、または大陸との合作映画の中から、芸術的名作や新しい表現を試みた野心作、および時代や社会が分かる意欲作をなるべく多く取り上げた。また必要に応じ、九〇年代初頭や八〇年代の映画、および香港や台湾の映画にも言及した。

名作でありながら、紙幅やテーマと合わないなどの関係で、取り上げられなかった作品は数多くある。過去に劇場や自主上映で観た映画の中には、観返して内容を確認するのが難しいため、詳しく言及出来なかったものもある。だが、本書が、豊かな中国映画の世界に触れる入口になれれば、と思い、できるだけ多くの作品を取り上げるよう努力した。野暮と知りつつ、あらすじを少し長めに紹介したのは、日本ではなかなか鑑賞できない映画も多いため、作品を観ていない読者でも、映画の全体像をつかみやすくするためだ。もしネタばれを嫌う読者の方がいらっしゃれば、適当に飛ばしていただければ、と思う。

ちなみに、アクション映画は、本書では紹介していない。大陸でも今は優れた作品が制作されているものの、やはり香港が本家というイメージが強く、その文脈を抜きにしては語れないからだ。また、本書で中心に据えている、比較的インディペンデントな性質をもった作品には現代社会を描いたものが多いことから、民国期より前の歴史を描いた作品も取り上げていない。チベットやモンゴル、雲南など、少数民族の暮らす地域を舞台にした映画なども、別の文化体系を背景にした映画なので、割愛した。自らも生活経験がある大陸の映画を中心にする、という原則から、いくつかの例外を除き、台湾映画や香港映画も省いている。

中国関連の情報については、近年とみに、どれをより信じ、どれを参考に留めるべきか、という選別の問題が大事になってきているように感じる。だが、本来重要なソースとなるべき大手メディアに「語れないこと」が多い中国では、皮肉ではあるが、フィクションである映画作品の方が真実を語っていることは、じつに多い。映画芸術を愛する方々はもちろん、中国の現実を反映した、よりオリジナルな表現に自ら触れ、中国の今について自力で理解を深めたい、という方々にとっても、本書がなんらかの手助けになれば幸いである。

1部
歴史をたどる

1——現代史の荒波の中で

困難な時代を生き抜く

『一九四二』『芙蓉鎮』『活きる』

二〇一二年末、馮小剛監督がお正月映画として、『**一九四二**』を発表すると知った時、その原作の内容を知っていた私は、かなり驚いた。新しい年に幸あれと願い、年賀状にせよ、門の両脇に貼る対句にせよ、とにかく縁起のよい言葉ばかりを連ねる春節という時期に、なんと天災による大飢饉と、それがもたらした大量の餓死を扱った映画を公開するというのだ。

都市人口が年々増えつつあるとはいえ、中国で人口の大半を占めているのは依然として農民だ。彼らが最も忌むテーマの作品を、彼らが最も幸福を祈る時期に封切ろうというのだから、そこに強い覚悟があることは疑いを入れなかった。

生き抜くこと自体が困難な時期、というものがここ一〇〇年余りにわたる中国の歴史においては何度かあった。一九四二年、つまり日中戦争の真っ最中に河南省で発生し、三〇〇万人以上の餓死者を出したとされる大飢饉もその一つだ。そんな時代にあっては、人々は自分の身を守るため、時に信念やメンツをかなぐり捨て、生き残ること自体を信条とせねばならなかった。『唐山大地震』や『戦場のレクイエム』などで、歴史上の悲劇的惨事を「生き抜いた」人々を丹念に描いた馮監督は、この『一九四二』でも、飢餓に苦しみながら、食糧を求めて移動する人々を、迫力たっぷりに描いている。

当時の国民党は、彼らの存在を半ば無視し、日本軍も少数の敵兵が混じっていることを理由に、飢えた流民の列を爆撃する。一応、流民たちに先に食糧を分け与えたのは日本軍だとされているが、それも敵国民の懐柔という裏の目的があるとされ、しかもすでに壮絶な食料争いが繰り広げられ、多くの人が死んだ後の話だ。

「天災」が為政者の無為という「人災」によって拡大されていくのを観て、恐らく多くの人が連想したのは、現在の中国ではまだ正面から描くことは難しい、毛沢東による「大躍進政策」がもたらした人災的飢餓だろう。実際、ネット上でも、「大躍進の方がよっぽど多くの人が死んだ」といった趣旨の意見が多く見つかる。

大躍進政策は自然災害というよりは、成績至上主義のもとでの計画経済の強引な推進や、海外援助の優先などによる人為的災害としての側面が強いとされている。だが、その点を描くことはいまだに中国ではタブーであり、多くの人が観る映画となるとなおさらだ。

一方で、中国の政治史における人災を語る際、やはり避けては通れない文化大革命については、ある程度映画作品にも取り上げられている。

中国に来て日が浅いうちは、一見、文革の嵐は過去の出来事にすぎず、人々の記憶のかなたにあるように見えるかもしれない。だが中国生活が長くなると、印象は変わる。文革経験者の年齢は高くなりつつあっても、文革的な考え方ややり方は、まだまだ多くの人々の心や行動スタイルに影響を残していることに気づく。

文革期における過酷な社会的、歴史的環境の中で受難を強いられた人々を描いた作品は、文学、映画を問わず数多く存在する。例えば、従連文監督の『胡同模様』(原題『小巷名流』一九八五年)は、内陸部の歴史ある町で起きた悲劇を、現地の人々の生活感をたっぷり交えつつ描いた作品で、最後に主人公の作家の言葉を借りて、「どこまでありのままに描くか」という、現在でも十分通じる鋭い問題提起をしている。

だが文革をテーマとした作品の中で、幅広く影響を与え、知名度も高いものとなると、やはり『**芙蓉鎮**』(一九八六年)を挙げずにはいられない。

二〇〇八年に逝去した著名監督、謝晋が、名優の劉暁慶や姜文を主演に起用した『芙蓉鎮』は、中国の現代史や現代映画史の基本を押さえるのにふさわしい作品だ。自身も文革の荒波をかぶった経験をもつ謝監督が古華の名作を映画化したもので、公開時はまだ文革の記憶が色あせていなかったこともあり、大反響を呼んだ。

舞台は湖南省南部の芙蓉鎮。文革前の一九六三年、三つの省の境界近くにあるこの里では、中央政府の政策が徹底されにくく、昔ながらの営業形態が活気を保っていた。米豆腐を売る美人女将、胡玉音も、必死の努力と気のきいたサービスでひと財産を築き、店を新築する。だがその成功は嫉妬を生み、特殊な政治情勢の中では辛辣な攻撃の的となってしまう。過酷な階級闘争の中で、敵味方が入り乱れ、芙蓉鎮の人々を翻弄していく。まさに戯画のようなその世界では、狂人扱いされる者がむしろ一番まっとうで、正義の権化のように扱われる者が、この上ない浅ましさを露呈する。そして、上に媚びつつ器用に生きようとした者が正気を失い、どんな状況でも人間らしさを貫いた者たちが、最終的にはもっとも堅実な道を歩く。

彼らが生きた時代の残酷さには言葉を失うが、救いは、先述の『胡同模様』と同じく、映画全体をヒューマニズムが貫いていることだ。どんな悪人にもどこか愛すべき点があり、滑稽なほど意地汚い者の描写にさえ、「でも人間ってこういうものなんだ」という視点を感じる。文革の終結からまだ一〇年少ししか経っていない頃の作品であり、加害者を悪の権化として記号化するまでには至っていないのだ。人々の印象では、憎くはあっても、加害者もまた時代の被害者であり、一人の生々しい人間として息をしていた。

いずれにせよ、『芙蓉鎮』は、いかにも昔の映画らしい、メリハリのきいた作りやきめ細やかな感情描写などの映画芸術としての魅力に加え、中国への理解度が増すにつれて、物語のディテールの裏にある様々な意味が分かり、強い風刺や主張が感じられてくる、という意味でも、古典的名作だと言えるだろう。

この他にも、中国映画の歴史を遡れば、困難な時代を生き抜く人々を描いた映画は、無数に見つかるが、中でも張芸謀監督の『**活きる**』（原題『活着』一九九四年）は、「何事も命あってこそ」という信念のすさまじさを、一人の人物に焦点を絞り、迫力たっぷりに描いている。

余華の同名小説を原作にしたこの映画の主人公は、賭博で身代をつぶした男、福貴（フークイ）だ。

得意の影絵劇で食いつないでいた福貴は、強制的に連行された戦場で九死に一生を得、家族の大切さを身にしみて感じる。何がなんでも生きていかなくては、と決意を固めるものの、歴史の荒波は予想以上の厳しさで彼を襲う。

波乱の時代を生き抜く福貴を熱演したのは、実力派の人気俳優、葛優。妻の家珍（チアチェン）役はその後、世界的女優となった鞏俐（コン・リー）だ。

国共内戦、新中国の成立、大躍進政策、文革などの中国現代史の重要事件は、貧しい一庶民にどのような影響を与えたのか。それはまさに「禍福はあざなえる縄のごとし」という諺そのもので、良かれと思っての行為が裏目に出て、しまいには大切な人の命を奪ってしまったりする。そんな運命の皮肉に何度もぶち当たりつつも、福貴は、妻の家珍とともに、地を這うように生きていく。

つまりこの映画は凡庸で冴えない男の目から中国現代史をたどった叙事詩であり、その映像の美しさ、含蓄の多さ、鋭い問題意識、絶妙の配役と主役・脇役の演技力に加え、作品に味わいや軽さを添えるブラック・ユーモアによって、非常に完成度の高い作品となっている。国際的な評価も高く、第四七回カンヌ国際映画祭では審査員特別グランプリを受賞、主演の葛優も男優賞を受賞した。

ちなみに、この映画では、伝統文化のファンにとっては、今ではめったに観ることができない影絵劇の上演シーンも、見どころの一つだ。人生は芝居の如し。現実の世界より舞台の世界で、より恵まれた人生を生きている福貴にとってみれば、生き抜く目的は、ただ舞台を演じるためだったのかもしれない。

歴史の伝承者
『戦場のレクイエム』

新世紀の映画について述べるにあたり、やはり押さえておかなくてはならないのは、『芙蓉鎮』や『活きる』、および呉天明監督の『古井戸』のような、一九九〇年代の前半以前に撮影された作品に見られる、各種の困難をひたすら「生き抜いた」人々の系譜だ。それは、『一九四二』のような新世紀の映画にも受け継がれていく。そして、そういった「生き抜いた」人とは時に、歴史を次の時代に伝えるという使命を果たすべく、「生かされた」者という形でも描かれる。

馮小剛監督の『**戦場のレクイエム**』（原題『集結号』二〇〇七年）の主人公で、国共内戦中の一九四八年に起きた淮海戦役において第九中隊の唯一の生き残りとなった谷子地も、そんな歴史の伝承者の一人だ。

谷子地（グー・ズーティ、演＝張涵予）は、鳴るべき退却のラッパが鳴らなかったために、四六人の戦友が無駄死にし、しかも「失踪者」扱いになったことに当惑し、真相の究明のために奔走する。谷は実在の人物で、原作のタイトル『官司』が「裁判」を意味しているのは、映画と違い、原作では中隊を全滅させた団長を谷子地が裁判で訴えるつもりでいたことに由来する。また、谷を合わせると四七人という、『忠臣蔵』を連想させる兵士の数は、実話に基づいたとされる原作の『官司』では「一〇〇人ほど」となっている。

映画では谷子地が戦友の「名誉回復」のために奔走し、最後に報われる。だが、原作において谷子地が追い続けるのはあくまで「真相」のみだ。「なぜラッパは鳴らなかったのか」を解明するためだけに、谷子地は七〇歳余になるまで、団長を探し続ける。実際には団長はとうの昔に戦死していることも知らずに。

雑誌『北京文学』の記事によれば、馮監督は撮影時、三つの異なるエンディングを用意していたらしい。採用されなかった二つは、谷子地は戦友たちの墓前にはたどり着けず、干からびた半分のマントウを手に路上で凍え死ぬ、または戦友の名誉を回復できず、気が狂ってしまう、というものだった。だが脚本を担当した劉恒から、「絶対ダメだ、観衆は神話を信じる。神話

◉『戦場のレクイエム』(監督：馮小剛)

とは何か？　それは英雄が最後に山頂に立つことだ！　谷子地は死んではだめだ」と主張され、現行版のエンディングになったという。もちろん中国では、この観衆に、現役の無数の軍関係者も含まれている。

　だが正直なところ、派手に兵士たちの「名誉回復」が行われる現行版のラストより、谷が野垂れ死にするエンディングの方が、捨て駒となった「無名の英雄」をめぐる価値判断が観る者に委ねられ、印象的なラストとなっただろう。

　実際、馮監督が普通の兵士を描いた映画を撮ろうと思ったきっかけは、ある資料を目にしたことだという。その資料では、一九四八年の頭、ある連隊には一二〇人の兵士がいたが、年末には一一〇人になっていた。一年に一〇人しか犠牲にならなかったようにも見えるが、さらに理解を深めると、その年に補充された兵士の数が六〇〇人に上ることが分かり、馮監督は大きなショックを受けたのだった。
一人生き残る谷子地は、生き残ることで歴史の真相を探る役目を担うことになった伝承者だ。そして、そのバトンは、さらに命を受け継ぎ、この物語を映画化した者たちに渡されたのだった。

どんな辛く悲しい出来事があっても、日々はやりすごされていく。興味深いのは、ジャンルを問わず、中国の映画では、そう楽ではない状況の下で、最後に誰かが妊娠する、または子供を産むというパターンのラストシーンがたびたび登場することだ。まるで、次の世代が今現在の矛盾や不足や不幸を解決してくれるのだ、または「救い」は次の時代にしかない、とでも言わんばかりに。

例えば、馮小剛の初の映画作品である『永失我愛』(一九九四年)は、後に急速に知名度を高める郭涛が演じる蘇凱とヒロインの林格格(演=徐帆)、そしてその女友達である楊艶(演=劇雪)の三角関係を描いたラブストーリーだが、印象的なそのエンディングでは、蘇凱の病死後、蘇凱を愛した二人の女性、林格格と楊艶が、それぞれ新たに築いた家庭、つまり夫と子供を前に、楽しくお茶をする。二一世紀に入ってから撮られた、より一層洗練されたコメディ作品、『イノセントワールド—天下無賊—』の静かなエンディングでも、愛するパートナー、王薄(演=劉徳華)を失った元女スリの王麗(演=劉若英)は、お腹に宿った彼の子供にすべての希望を託すかのように、涙を流しながら、ひたすら食事をむさぼる。

さらには、『イノセントワールド』の前年に公開された張元監督の『ウォ・アイ・ニー』も、離婚した妻の妊娠が元夫に伝えられるシーンで終わっている。

もちろんこれには検閲対策も影響しているのだろう。ある脚本家から聞いた話では、検閲でどんどんとダメ出しを食っているうちに、無難なエンディング、つまり未来に希望を持たせる流れへと誘導されていくのだ、と言う。だが、検閲を通さないまま海外で発表され、国内で批判を浴びた『北京バスターズ』も、ロックミュージシャンの一人が子供を身ごもった恋人に流産を勧めるシーンで始まり、最後はその恋人が自分の意思で子供を産んだことを示すシーンで終わる。

高齢者を主人公にした『胡同の理髪師』においてさえ、最後のシーンで、主人公の敬老人は息子からひ孫の誕生を知らされるのだ。まるで人生の最期を迎えた老人には、ぜひとも次世代に命をつなげてもらわねばならない、と言わんばかりで、とってつけたようなのが気になるが、その強引さがかえって、中国映画に運命づけられた「命の継承」というプレッシャーの大きさをまざまざと感じさせ、興味深い。

戦火の中の日本人像

『北京の恋―四郎探母』『南京！南京！』『呉清源　極みの棋譜』

中国の現代史を語る上で、避けては通れないのが日中戦争だ。戦争映画は中国ではプロパガンダ性がもっとも強調されるジャンルで、条件さえ満たせば検閲が通りやすいとあって、毎年、膨大な数が制作されている。だが、日本人の描かれ方という角度から見て興味深い作品を探してみると、その数はだいぶ限られてくる。

実際には戦前戦中の中国には、戦闘要員以外の、一般の生活者としての日本人も大勢暮らしていたわけだが、残念ながら彼らが映画で描かれることはほとんどない。日本人といえば軍人であり、従って、そのイメージはたいていの場合、決して良いものではない。だが以前は、中国人俳優が怪しい日本語を操って日本人役を演じるケースがほとんどだったのと比べ、二一世紀以降、とりわけ中国人捕虜の強制労働を描いたドラマ『記憶の証明』で日本人俳優の矢野浩二や武藤美幸が起用されてからは、日本人俳優が日本人兵を演じるケースも増えた。

二〇〇五年には、現代に暮らす元日本人兵が登場する孫鉄監督の『**北京の恋―四郎探母**』（原題『秋雨』）も発表されている。基本は元京劇役者の何冀初（演＝畢彦君）の元で京劇を学ぶ日本人女性、梔子（演＝前田知恵）と、何冀初の息子、何鳴（演＝靳東）の恋愛に、敵国同士だった北宋と遼の男女が結ばれる京劇の演目、「四郎探母」をクロスさせたラブストーリーだが、陰の主役として、梔子の祖父、旧日本兵が登場する。祖父はインターネットで日本からメッセージやメールを送ってくるだけの存在だが、彼が戦中の中国で体験した残虐な出来事が忘れられず、苦悩する様子は、梔子や何親子らに強い衝撃を与える。やがて何冀初は、梔子の祖父が自分の父親を処刑した人物だと知るが、ショックを乗り越え、次の世代に希望を託そうと、何鳴と梔子の二人に、「四朗探母」の主人公を演じさせる。

こういった作品の登場により、中国映画における日本兵像はいくらか人間味を帯びたものとなった。だが、大半の中国の映画やドラマのコンテクストでは、依然として日本軍や日本兵は、史実に基づいて形作られたイメージというよりは、いわば、「勧善懲悪」型の物語の中の悪玉という感じだ。極端な言い方をすれば、殴って鬱憤晴らしをするためのサンドバッグのような存在であり、史実からの飛躍の激しさには、一時期、中国でも識者の間から「歴史を正しく伝承できない」と批判の声が出たほどだった。

ちなみに、以前は国共内戦を経て台湾に逃れた国民党軍を悪役とする映画も多かったが、台湾との友好が提唱され始めたため、大っぴらに叩けるのは日本だけになったのだと皮肉る中国の知人もいる。

このような背景こそあれ、日本との人的交流も進んでいく中で、日本軍が終始、人間性を喪失した悪の権化としてばかり描かれ続けたのかというと、必ずしもそうではない。

陸川監督の『**南京！南京！**』(二〇〇九年)では、一九三七年一二月の南京大虐殺のもたらした悲劇を描くとともに、極限的状況でも良心を失わなかった一人の日本兵(演＝中泉英雄)の姿を通じ、残虐な行為を強いられた日本兵の心情にも寄りそっている。何気ない描写に見えるかもしれないが、本作に出てくる、日本兵が帰国を願ったり、現状を見て違和感を覚えたり、苦悩したりする姿は、通常の国産プロパガンダ戦争映画ではほとんど描かれることがない。

中国メディアの取材に対し、陸監督は、「嘆き悲しむ弱者」の立場からのみ南京大虐殺を描きたくなかったと語っているが、冒頭に出てくる、国民党軍の敗走後も頑なに町を守ろうとした南京城の兵士たちは、史実はどうあれ、ただ混乱と被害を拡大しているだけに見える。むしろ印象的なのは、家族を守るために日本軍に協力した唐天祥(演＝范偉)の必死の保身と、身を挺して避難民たちを守った女性や外国人たちの姿だ。軍紀を守るため、日本軍が慰安婦を提供するよう求めると、女性たちは次々と手を挙げて名乗り出る。

惜しむらくは、作品の背景を説明する字幕において、南京大虐殺の死亡者数を明示していることだ。学術的にまだ論争の的である数字をあえて示すことによって、「政府お墨付き」という印象が与えられ、作品が急にプロパガンダ性を帯びてしまった。残念ながら、「検閲」という仕組みがある限り、制作者の表現したかったものだけを作品から純粋に汲み取ることはできない。とりわけ、歴史問題が絡む戦争映画はその傾向が強い。本作は、限界に挑んだ意欲作だけに、かえって、中国の戦争映画がもつ大きな限界をひしひしと感じさせた。

そういった意味では、同時期に話題となった独、仏、中合作映画、『ジョン・ラーベ～南京のシンドラー～』（原題『拉貝日記』二〇〇九年）の方が、南京大虐殺について客観性を保ち、より観客一人一人の判断を尊重している印象が残る。だがこの作品は、ドイツ出身のフローリアン・ガレンベルガー監督による作品であるのにも関わらず、ドイツに帰国した後のラーベの受難が描かれていないという物足りなさがある。

いずれにせよ、『南京!南京!』が貴重なのは、中国の戦争被害者の苦しみを描く一方で、日本人慰安婦の境遇なども盛り込み、単純に白黒に分けきれない、加害－被害の構造の複雑さを描いていることだ。つまり、女性、クリスチャン、人間の良心といった、国籍以外の属性やベクトルを絡ませることで、国籍や敵味方という区分け以外で共有できるものがあった可能性をわずかなりとも残している。こういった描き方は、例えば陳凱歌の『花の生涯～梅蘭芳～』（原題『梅蘭芳』二〇〇八年）における日本軍人の描写にも見られるものだ。同作では、京劇をこよなく愛する日本軍人の姿を描くことで、芸術への愛という、日中の文化人が「共有できるもの」の存在が暗示されている。

こちらは日本が舞台となるが、田壮壮が実在の天才棋士の生涯を描いた『**呉清源　極みの棋**

◉『呉清源　極みの棋譜』（監督：田壮壮）

譜』（原題『呉清源』二〇〇六年）においても、美しい映像表現とともに、「碁に国境はない」というメッセージが全編を貫いている。この作品では、暗く重たい戦雲が垂れこめる中、中国人としての立場と日本で碁を極めたい気持ちの狭間で苦しんだ呉清源（演＝張震）の姿が丹念に描かれる一方で、彼を支援し、支える日本の友人や家族の姿も盛り込まれている。とりわけ、生涯のライバルでもあった木谷実（演＝仁科貴）との、囲碁を通じた友情には心癒される。日本側の協力もあったのだろうが、東京大空襲、広島での原爆投下、戦中戦後の新興宗教団体「璽宇」の流行など、呉清源に影響を及ぼした戦中戦後の日本の具体的な事件も、断片的ながら、臆せずに映像化しているのが貴重だ。

誰が英雄で、誰が卑怯者か
『金陵十三釵』『鬼が来た！』

女性作家、厳歌苓の同名小説を張芸謀が映画化した**『金陵十三釵』**（二〇一一年）は、『南京！南京！』と同じく占領時の南京で人柱となった女性を描いた作品だが、こちらはやや別の思考を促す。

中、英、米、豪、伊、韓、日のスタッフを結集して制作された本作では、主役を『バットマン』のイメージで知られるクリスチャン・ベールが務めている。ちなみにベールはかつてスティーブン・スピルバーグ監督の『太陽の帝国』に子役として出演した際、一三歳という若さで上海を訪れている。成人後、ふたたび役者として中国の土を踏むにあたっては、主人公のジョン役をよりよく演じるため、ジョンの背景や人物設定に関して一〇〇以上もの質問を張監督に投げかけたという。

がめつい納棺師という本来の立場から似非牧師という仮面を経て、学生や妓女たちの保護に奔走し始めるジョンも十分に頼もしい。だが、作品名の「金陵」が南京の雅称で、「十三釵」が一三人の妓女たちを示しているように、本作ですべて新人が起用されたという妓女役は、さらに自覚的かつ計画的に同胞を守った英雄として描かれている。

『金陵十三釵』には、確かに残虐な強姦、殺人シーンが多い。また、そこからフィクションを練り上げるには、南京大虐殺という史実自体が深刻な事件で議論の的になりすぎていることもあり、日本での公開が躊躇されたのには仕方がない面もあるだろう。だが、実際に映画を観れば、登場人物一人一人の個性、過去、弱さ、そして強さが丁寧に描かれていて、日本軍人＝残虐という単純な模式ばかりが強調されているわけではないことが分かる。性的被害にしても、主役格の玉墨にとっては、一三歳の頃に義父から受けたものが大きなウェイトを占めており、より古くからある被害の構造も背景に組み込まれている。

むしろこの作品について興味深いのは、女学生たちと妓女たちの対比だ。学生たちのもつ純粋さ、世慣れなさは、秩序を守る力に長けるが、その秩序がもつ同調圧力や排他性は凶器にもなり、いざという時に脆さを露呈する。一方、世の辛酸を嘗めつくした妓女たちの処世術は、秩序や法治とは相性が悪いが、実際問題を処理し、眼前の困難を乗り越えるのには長けている。そういった、政治の世界でもありがちな構図を、人物描写を通じて鮮やかに描いているのは見事だ。とくに、女学生たちが集団心中しようとするシーンは興味深い。本来、集団心中は、日本の軍国主義に起因するものの方が圧倒的に有名だが、彼女らの行為は、どんな背景があれ、極端な主義主張には、同調圧力や狂気が通底していることを象徴している。

本作には、売春婦を女学生たちと比べて「犠牲にしても構わない存在」として低く見ているという批判がある。一理ないわけでもないが、作中で実際に作用しているのは「年齢の差」という構図だ。売春婦たちは、もともと「下賤な存在」だから捨石になるのではなく、「世故に長けた年長者」だから、若い娘たちを守るという設定なのだ。つまり彼女らは、日本占領下で、立場や状況によってさまざまな忍耐と犠牲を強いられた、多くの無名の保護者たちの象徴だともいえるだろう。

こう見てみると、『南京!南京!』も、『金陵十三釵』も、「忍従した」人たちの強さと、戦争被害の複雑な一面を暴きだしている点は変わらない。もちろん、日本軍の無理な要求をはねつけることのできた人は、それによって高潔さや名誉を保てたことだろう。だが一方で、忍従や理性、智恵で対抗することで、敵の目をくらましたり、敵をなだめたりして、結果的に多くの同胞を守った人も多かったはずだ。だが彼らの功績は戦後、ほとんど認められることはなく、ひどい場合は「漢奸（売国奴）」呼ばわりされ、罵られた。

そもそも、戦乱期において、誰が英雄で誰が卑劣者なのか、誰が敵で誰が味方なのかをはっきり分けるのはとても難しい。長らく発禁映画だった姜文の『**鬼が来た!**』（原題『鬼子来了』二〇〇〇年）は、そういった微妙な問題を、生贄を捧げるカーニバル的空間の中で描いている。

ある冬の日、長城近くの村にある馬大三（マー・ターサン）の家に、正体不明の人物が現れる。その人物は、麻袋に入れられた日本兵とその中国人通訳を大三に預け、大みそかに二人を引き取りに来るので、それまでに供述を取っておくように、と言って立ち去る。だが、何カ月経っても引き取り手は現れない。慌てたのは馬家や周辺の村人たちだった。捕虜を生かしておくべきか、殺すべきか。最終的には円満な解決法を見つけたように思われた村人たちだが、所詮は占領軍が覇権を握る戦乱期。村人と兵士の利害と義理、理性と恐怖、恩義と怨恨、大義と人情などが絡み合う中で、事態は思わぬ方へと転がり、悲劇的な結末を迎える。

結局、命が助かり、平和が保障され、平穏な暮らしができれば農民たちは満足なのだが、村を訪れる軍人たちは、自分たちの正義と理屈を振りかざすばかり。最終的に、国軍の到来により、農民と日本兵と自分のすべてを救おうとした通訳は日本軍に裏切られ、その恨みを晴らしただけの大三までが、処刑されてしまう。

姜文は本作を国の検閲を受けないまま海外の映画祭に出品し、当局の修正要求にも応じなかったため、その後、映画監督業を禁止された。だが、七年間の沈黙を経て発表された『陽もまた昇る』や、二〇一〇年の『さらば復讐の狼たちよ』、および二〇一四年の『弾丸と共に去りぬ―暗黒街の逃亡者―』も、『鬼が来た!』と同じく混乱の時代の狂気を風刺と誇張とスピード感を駆使して描いている。

残留孤児への視線

『乳泉村の子』『親愛』

一方、同じく戦争に関わった日本人でも、残留孤児については、中国で育った新しい時代の人物として、大陸でも同情的かつ親近感とともに描かれることが多い。その初期の代表作は、謝晋監督の**『乳泉村の子』**（原題『清涼寺鐘声』一九九一年）だろう。僧侶として名を上げた残留孤児の明鏡（演＝濮存昕）が、仏教交流のために訪れた日本で、栗原小巻演じる実母と再会する物語で、明鏡だけでなく、日本人の母親が味わった苦しみも生々しく描かれている。父親は満州に派遣された医師で、終戦前に亡くなった、という設定だ。こういった配慮には、良い意味でも悪い意味でも「敏感な話題」を避けた、日中友好時代のムードの影響が強く感じられる。

ちなみに、日本で残留孤児を扱った作品として有名なのは山崎豊子の小説『大地の子』だが、日本で一九九五年に放映されたドラマ版は、中国がおもな舞台で、台詞の八割が中国語、しかも中国の著名俳優、朱旭などが起用されているにもかかわらず、中国のテレビでは放映されていない。残留孤児に焦点を当てたテレビドラマが話題を呼ぶのは、厳歌苓の小説『小姨多鶴』がドラマ化される二〇〇九年まで待つことになる。

『小姨多鶴』は、敗戦後の集団自決から奇跡的に生き残った竹内多鶴が、中国の農村に住む夫婦に買われていく話だ。多鶴は、日本軍の迫害により子供を産めなくなった妻に代わって子供を産むよう強いられるが、夫婦との関係は次第に和やかなものとなり、愛情さえ芽生える。

一方、映画作品では、地味な作品ではあるが、李欣蔓監督の『**親愛**』(二〇一三年)も親子の情という問題にからめて、比較的親しみやすい、「個」としての日本人像を示している。『親愛』の主人公は、ハルピンで日本人残留孤児の養母の下で育てられ、今は上海の日系企業で凄腕のキャリアウーマンとして働いている陸雪妮(演=余男)だ。

母親が死に、その喪失感を埋められずにいた雪妮の元に、ある日中国の東北地方から、自分の「生母」だと名乗るおばあさんがやってくる。戸惑う雪妮だが、やがてそれが、自分が孤独になることを心配した養母の、晩年の計らいだと知る。最初は田舎出身のおばあさんのふるまいに慣れない雪妮も、やがてそのフランクな性格に感化され、明るさを取り戻して行く。

肝心なところで分かりにくい点がいくつかあるなど、不足も多々あるが、実在の人物からアイディアを得ているというだけあって、話全体のリアリティが損なわれるほどではない。所々に断片的とはいえ、残留孤児の養母とその家族の人生の過酷さが挿入されているのは、中国映画としては大胆なものだ。夫は文革中の迫害で死亡し、夫の存命中に引き取った子供、雪妮も、学校でいじめられる。日本で肉親が見つかると、雪妮を連れて日本に帰国するが、環境に適応できず、ふたたび中国に戻らざるを得なくなる。

一見、「やはり血のつながりは濃い」という話のように見えるが、ラスト近くには、意外などんでん返しがある。とりわけ、老女を東北の田舎に送り返した時に、その暮らしぶりの貧しさに言葉を失ったり、雪の大地に立ち、養母の体験を脳裏に思い描いたりするシーンが心を打つ。コントラストや風刺も効いており、上海の享楽的でモノに溢れた生活、とりわけ外資企業に務めるホワイトカラーの奢侈なライフスタイルと、東北の寒村出身者の倹約ぶりの対比などは、実感としては頷けるとはいえ、あまりに強調しすぎでは、と思えるほどだ。

娘に残した手紙の朗読者として登場する日本人の養母も、その日本での家族も、情愛深い人間として描かれているが、日本企業は、女性に補助的な役割を押しつけ、なかなか管理職に就かせない性質をもつとして、かなり批判的に描かれている。だがこれは残念ながら、現実社会でも、中国で日本企業への就職を考慮する学生の間で広く共有されている認識だ。

本作は四年かけて制作され、二〇一三年五月に公開された。つまり、私の実感では、日本と中国の人々の距離がいつにも増して近づいた二〇一〇年前後に制作が進んでいたわけだが、その後の二〇一二年秋には尖閣諸島問題が起きている。そうなると、公開できる形にまとめるのは大変だったただろう。残念ながら中国での知名度が高い映画とは言えないが、さいわい、第八回大阪アジアン映画祭では、グランプリを授与されている。

侵略戦争下の倒錯した愛

『レッドダスト』『ラスト、コーション』

分類上は台湾・香港映画ということになるが、香港出身の厳浩（イム・ホー）監督の『**レッドダスト**』（原題『滾滾紅塵』一九九〇年）は、日中戦争から解放前夜の上海を舞台に、女心の機微と強さを描いた名作だ。

愛情の乏しい家庭環境で父に監禁されて育った韶華（シャオホア、演＝林青霞）は、のちに小説家として独り立ちする。やがて日本軍に協力している能才（ネンツァイ、演＝秦漢）と熱烈な恋に陥ってしまう韶華だが、「漢奸」として人々から忌み嫌われていた能才は、終戦とともに彼女の元を離れる。だがその後、二人は再会する——。

時代が人間関係に落とした陰影などが生々しく描かれていて、見応えがある上、実験的な手法がさまざまに駆使されており、少しも古臭さを感じない。能才への愛ゆえに韶華がとったラストの行為も感動的だ。脚本を手掛けたのは台湾の人気女性作家、三毛で、本作が遺作となった。人気歌手、羅大佑が作曲した主題歌もヒットした。

なぜこの映画を取り上げたかというと、この作品は実在の女性作家、張愛玲とその恋人、胡蘭成がモデルとなっているからだ。

映画界と文学界の動きは相関関係にあることが多いが、二一世紀の中国においてもそれが強く感じられたのは、民国期に活躍した二人の女性作家、張愛玲と蕭紅の作品の再評価に関してだった。

張愛玲の作品の評価が大陸で長らく不当に低かったのには、理由がある。まず、張の最初の夫は映画の中でも語られているように、戦時中に日本に協力したとされる人間だった。また、張愛玲の作品にはしばしば、ブルジョワ社会の描写がある。さらにこれに、反共色の濃い作品があるとされた、というおまけがつく。

一方の蕭紅は、『生死場』など、革命文学的な作風をもつ作品こそ重点的に紹介されてきたものの、より文学的に高いレベルに達しているその他の小説は十分な評価を得てこなかった。

だが二一世紀に入り、台湾の文化界との交流が増えるとともに、民国期の作品がより自由に評価されるようになると、状況は大きく変わった。まず、張愛玲の作品が大陸でも次々と出版され、文学ファンの間で高い人気を呼んだ。また、蕭紅の作品に関しても、彼女の望郷の思いが強く感じられる自伝的作品、『呼蘭河伝』が高く評価されるようになった。戦時下の香港で孤独な最期を迎えた蕭紅本人の人生にもスポットが当てられた。その生涯を描いた映画作品である霍建起の『蕭紅』(二〇一三年)や許鞍華(アン・ホイ)の『黄金時代』(二〇一四年)は、いずれも人物の描き方や史実との対比などをめぐって多様な議論を呼んだ。

さすがに、張愛玲の生涯はまだ大陸では映画化されていない。だが、彼女自身の恋愛観が反映されたとされる小説『色、戒』は鬼才、李安（アン・リー）監督によって映画化され、**『ラスト、コーション』**（原題『色、戒』二〇〇七年）として公開された。

『ラスト、コーション』の主人公は、日中戦争の頃、芝居という架空の世界から、ひょんなきっかけできな臭い現実社会に飛び込むことになった学生たちだ。

愛国心に燃える彼らは、ある日、対日協力者である易（イー、演＝梁朝偉）の暗殺を企てる。元学生の王佳芝（ワン・チアチー、演＝湯唯）は、そのおとり役として、麦（マイ）夫人に扮し、色仕掛けで易に近づく。だが易と性的なつながりを深めるにつれ、佳芝の心境には変化が生じ、最後には男が自分を心から愛していることに気づく。いよいよ暗殺が実行される一瞬、佳芝は自分の身の破滅を顧みず、易に危機を知らせる。最後に、易はやむを得ぬ政治的立場から、佳芝とその仲間の処刑を命ずる。

ストーリーはまさにドラマチックという言葉そのものだが、絶妙な脚本の流れのおかげで、作り物めいた感じは残らない。配役も巧みで、主役は独特のオーラをもつ湯唯と、「苦境で矛盾に苦しみながらも、果敢に振舞う男性」を演じるのに長けた梁朝偉（トニー・レオン）だ。

当時の日本軍の侵略行為に抗う人々を正面から描いた映画は中国にごまんとあるが、そういう映画での「反抗」は、たいてい価値を疑う余地のない英雄的行為としてステレオタイプ化さ

◉『ラスト、コーション』(監督:李安)

れているため、人間ドラマとして深く共感できることは稀だ。だが、この作品はそういった反抗を日本人でも共有できるドラマとして描いているだけでなく、戦争下の侵略者と被侵略者という政治的な関係を、見事に男女の関係、愛や性の関係へとスライドさせている。

侵略戦争はどんなに時代背景を考慮したり、美名を冠したりしたとしても結局は「侵す」行為だ。だが、直接現場で侵略の介在をしている血の通った人間には恐怖におののく肉体があり、彼らは彼らなりのニヒルな方法で自らの生命を刻もうとしていた。そんな倒錯した愛を生々しく描いた『ラスト、コーション』の出現は、国籍と関係なく、誰もが侵略戦争の罪深さに素直に涙できる、芸術的普遍性を具えた作品が中国で生まれたことを意味する。

実際のところは、原作の方が易も佳芝も残酷だ。易が佳芝の処刑を命ぜざるを得ないシチュエーションにあるのは原作も映画も同じだが、原作では、易は佳芝を殺すことで佳芝が永遠に自分だけのものになるのを意識している。また、佳芝は最後の最後まで、自分は易を愛してはいないと信じている。つまり、その命を救うことで易の人生に自らの存在を深く刻みつけた佳芝は、残酷な復讐者の一面をもつことになる。

一方、李安の映画では、佳芝が易にだんだんと心を奪われているのが、なんとなく伝わってくる。話に聞くと、李安監督は感情のとても豊かな人だということで、そのあたりが最終的に原作の残酷さを和らげた表現を生んだのかもしれない。

ちなみに、小説、映画ともに、小物の使い方がすばらしい。その最たる例が易が佳芝に贈った指輪、中国語で「戒指」だ。指輪は、男の女に対する愛情の大きさ、力、立場を誇示するシンボルとなっているだけではない。原題の『色、戒』は一見、「色への戒め」を示す教訓めいた言葉に見えるが、これを「色」と「戒」の並列と考えれば、男女の関係、「色」に対し、金銭的代価を求めているふりをしたい佳芝にとっての、交換物としての「戒（戒指）」の重要性が見えてくる。実際に交換したいのは易の命なのだが、それを言うのは「戒」められている。そして最終的に二人の関係は、「戒指」を与えた側が、命を与えられる側になるという結末を迎える。

さらに皮肉なことに、この作品は、大陸で正式に公開されたにも関わらず、思想的に不健康であるとして、後に李安と主演女優の湯唯を大陸の映画界から数年間締め出す、つまりその活動を「戒」めるという罰をもたらした。湯唯については、女優がヌードシーンを売りにするのはけしからん、という趣旨の、白々しい理由だったという。

魔都の記憶をひもとく

『海上伝奇』『上海紀事』『上海ルンバ』

『ラスト、コーション』の舞台である上海は、今でこそ経済発展や物質的繁栄といった側面ばかりが注目されやすい街だが、かつての「魔都」は膨大な「人の記憶」、そして「イメージの蓄積」をも秘めている。それらを丹念に掘り起こす試みは、上海という大都市の真の意味での厚みと豊かさを実感させるものだ。

上海という街がもつそんな記憶の蓄積に触れられる映画に、賈樟柯監督の『**海上伝奇**』（原題『海上伝奇』二〇一〇年）がある。

上海国際博覧会に向けて作られたものだが、この作品が含み持つ性質や意義は決して展覧会用という範囲には止まらない。カメラが次々と追うのは、映画監督の侯孝賢、かつて上海を牛耳った秘密結社のボス杜月笙の娘、作家兼カー・レーサーの韓寒、そして女優、革命家、労働者など、様々な分野の伝説的人物たちの証言だ。上海の歴史や文化と深い関わりをもつ人物やその遺族一八人の姿や言葉を通じ、上海という街が時間的にも空間的にも立体的に浮かび上がる。

人々の語り口はおおむね虚飾のない、淡々としたものだ。だが彼らの記憶の断片が生み出すイメージは、書物などから得られる印象とは異なり、まるで手で触れるように生々しい。それは大都市上海の表情や息づかいへと昇華していく。まるで時空を旅するようにその間をつなぐのは、女性のイメージや上海の街の風景だ。

いかにも映画通の賈樟柯らしく、作中では名作映画へのオマージュを兼ねて、『フラワーズ・オブ・シャンハイ』、『ふたりの人魚』、『欲望の翼』、『中国』、『紅柿子』、『黄宝妹』、『小城之春』などのシーンが次々と引用されている。

これらの映画にもしばしば登場する民国期の上海は、ミレニアムが近づき、過ぎ去っていく中、ロマンチックながらも、スリリングではかなく、残酷な恋の街としても、スクリーンにおいて多様に展開された。先述の『ラスト、コーション』はその代表例だが、他にも、張芸謀の『上海ルージュ』(一九九五年)や姜文の『弾丸と共に去りぬ』(二〇一四年)などの例がある。

また、新中国成立前夜から成立後の上海の歴史を描いた彭小蓮監督の『**上海紀事**』(一九九八年)も、悲恋物語に歴史の動きを大きく絡めた作品だ。

アメリカ帰りのフリー・ジャーナリスト郭紹白と資産家で工場経営者の娘李蕙蓉は、最初こそ政治的信条を異にしていたが、さまざまな経緯を経て、最後には新しい中国に希望を託そうという気持ちで結ばれる。だが、共産党を恨み、新しい統治を破壊工作によって乱しに来た元同級生によって、蕙蓉は殺されてしまう。

解放軍寄りの立場から当時の金融、経済、産業界の混乱を描いたこの作品は、基本的に「主旋律」映画、つまり政府の公式な見解に則った説教臭いプロパガンダ映画だといえる。だが、興味深いのは、その一方で、当時の上海の一般庶民、アメリカ政府関係者、資産家、ジャーナリストといった様々な立場の人々の本音もしっかりと盛り込んでいることだ。とりわけ、当時の一部の良心的な資産家たちや中立的ジャーナリストの考え方や役割、貢献をきちんと描くことで、暗にその後に起きた過激な階級闘争や知識人の迫害に疑問を呈しているように見える。文革中にもっとも大きな被害を被ったのが、ブルジョワと知識人であることを思えば、ロマンスの主人公を資産家の娘と自由な思想をもつジャーナリストに設定しているのは、決して偶然ではないだろう。

一方、同じく解放前の上海を描いた彭監督のラブストーリーでも、**『上海ルンバ』**（原題『上海倫巴』二〇〇六年）が舞台としているのは、映画や映画スターの街としての上海だ。この作品では、野心に満ちた映画人たちが、当局には検閲を通りやすい企画書を提出しつつ、実はこっそりアングラ映画を撮影している様子が描かれる。スタッフたちは、作中では左翼的思想を持った者として描かれているが、もちろん、その自由な表現を追い求める姿は、時代を超えた普遍的価値をもっており、今のインディペンデント映画の制作関係者たちの姿にも重なる。

2——天災と人災を描く

大震災の後を生きる

『唐山大地震』『ブッダ・マウンテン〜希望と祈りの旅』

中国大陸では大きな反響を呼びつつも、大地震を扱っていたがゆえに、東日本大震災発生後の日本では公開が見送られた映画がある。河北省唐山でかつて実際に発生した地震を背景にした馮小剛監督の**『唐山大地震』**（原題『唐山大地震』二〇一〇年）だ。その四年後、公開の規模こそ縮小されたものの、いよいよ日本でも公開された時は、ほっと胸をなで下ろした。

唐山地震は一九七六年七月に河北省唐山市で発生したマグニチュード七・五の直下型地震で、死者は中国の公式発表では二五万人、アメリカの地質調査所の推計では六五万人以上に上ったとされている。この地震では北京も大きく揺れたため、映画関係者の間にも体験者は多く、当時の北京を描いた映画で、よく時代の象徴として描写される。

地震の名そのものをタイトルにしているだけあって、「技術的限界に挑戦した」といわれる冒頭の地震のシーンの迫力は身の毛がよだつほどだ。だが、原作は張翎の『余震』であり、英語タイトルも「Aftershock（余震）」となっている。つまり、本作はむしろ、ある家族の「震災後」に重点を置いた物語だ。

あるオシドリ夫婦は、男女の双子の子供、方達（ファン・ダー）、方登（ファン・ドン）と、平凡ながらも希望に満ちた暮らしをしていた。だがある日、大地震が発生する。その結果、妻の元妮（ユェンニー）は夫と死別した上、二人の子供のうち、片方しか救えないという究極の選択を迫られる。悩んだ末、「男の子を」と言う元妮。だがその一言は、母と娘の心に深い傷を残したのだった。

家族の関係をめぐる、さまざまなディテールがあぶり出していくのは、大震災が被災者にいかに大きな傷跡を残すか、だけではない。各シーンは、その傷跡のひずみを人の心の動きや家庭、および社会といった要素が拡大してしまいかねないことも、率直かつ丹念に描いている。

元妮は震災後、ただ「被害者」としてのみ存在することは許されない。夫が自分の身代りになった経緯や姑との関係から、夫の死に対して重い罪悪感を背負わされる。おまけに、男尊女卑の価値観がもたらすプレッシャーに屈し、娘を見捨ててしまった後悔にも苛まれる。しかも姑は家の血筋を守るため、息子まで元妮から引き離そうとする。中国では夫を失い、生活が不安定になった母親は、一族から弾き出されかねない、という残酷な現実があるのだ。

追い詰められた状況では、古い因習や価値観がいかに鋭い刃となり得るか。生き残った娘の方登はそのことを人生経験から胸に刻む。だからこそ、彼女は中国の因習とは縁が薄い、西洋人の夫と海外で暮らす道を選んだのだろう。

あちこちで顔を出す鮮烈な対比も印象的だ。大勢の一般市民が死亡した直後、一人の指導者が亡くなり、社会は変わり目を迎える。また、二三秒の地震が三二年もの間、ある家族を引き裂く。二五万人もの死者が出た地震に、あくまで一つの家族からフォーカスしているのも潔い。ラストでも一個人、一家族の運命と、墓碑に刻まれた無数の被災者名がはっきりと呼応する。

実は『唐山大地震』は、中国で「広告の挿入、プロダクト・プレイスメントが過剰だ」などの批判に晒された。二・一億元に上ったとされる制作コストの一部を賄うためとはいえ、確かに実際に起きた災害をテーマにした商業映画を作ることについて、議論が起こるのは仕方ないのかもしれない。だが馮監督が映画の撮影にあたって利用した唐山のロケ地の一部は、その後映画村として開放されており、地元興しにどれだけ貢献しているかはともかく、一定のインパクトはもつ観光スポットとなっている。それに、広告によって資金を集められるだけ集めたことで、迫力たっぷりの作品が生まれ、それが唐山地震を知らない世代を含む、多くの人を映画館に引き寄せたことは疑いを入れない。その結果、同地震をめぐる再認識や、「実際はいったいどうだったのか」という議論が、ネット媒体を中心に、人々の間で促された。

そういった議論のうち、とくに注目を集めたのは、地震経験者らによる、「実際の現場では、なかなか救助隊が来なかった」という主張だった。つまり、映画の中における救助隊の迅速な対応は、検閲対策の「後付け的」なものらしきことが、被災者の主張によって浮き彫りになってしまったのだ。

唐山地震の被害状況は当時、海外のみならず、国内でも長らく封じられた。それが今やロードショー上映されるような映画になったのだから、時代は変わった。だが、誰もが参加できるインターネット空間というものが存在する今の中国では、この題材を正面から扱い、話題を集めることは、埋もれていた事実を掘り起こすことにもなる。結果的に本作の「余震」は、スクリーンを通じ、長年守られてきた歴史の沈黙をも揺すぶったのだった。

こちらは四川大地震が背景となるが、大地震が人々にもたらした後遺症を描いたもう一つの名作が、李玉監督の**『ブッダ・マウンテン〜希望と祈りの旅』**(原題『観音山』二〇一〇年)だ。ちなみに李監督の前作、『ロスト・イン・北京』(原題『苹果』二〇〇七年)は、都市で出稼ぎをしている夫婦のやるせない現実を描いた作品で、マッサージ店に務める苹果(ピングォ、演＝范冰冰)が不本意にも店長と肉体関係を持ってしまうことがストーリーの要にある。この作品は、検閲対策として五〇カ所以上を改めるという苦労を経て上映に漕ぎつけたにも関わらず、過激な性描写などを理由に、最終的に上映禁止となった。そのため、制作会社が裁判で当局を訴えようとしたといわれている。また、無修正版が海外の映画祭に送られたり、その海賊版ビデオが巷に出回ったりしたため、結果的に関係者が厳しく罰せられたことも話題を呼んだ。そんな苦難をくぐり抜け、李玉監督がふたたび范冰冰とタッグを組んだという意味で、『ブッダ・マウンテン』は期待を集めた一作だった。

『ブッダ・マウンテン』の物語は、歌手の南風(ナンフォン、演＝范冰冰)がある晩、バーで暴力事件を起こすことから始まる。騒ぎは仲間二人をも巻き込むことになり、三人は逃亡を余儀なくされる。漂泊しながら、気ままな青春生活を送る三人だったが、そこに家主の常月琴（チャン・ユエチン、演＝張艾嘉）の存在が加わると、微妙な摩擦が生まれる。四川大地震で大切な家族を失っていた常月琴は、喪失感を埋められず、周囲にも心を閉ざしがちだった。だがやがて常月琴は南風らとの関わりを通じて自分自身の人生を見つめ直し始める。

先述の『ロスト・イン・北京』でも、大都市の辺縁を彷徨う若い夫婦の不安定な暮らしが描かれているが、本作にも行き場が見つからない若者たちの漂泊感が溢れている。南風たちが山あいを走る列車にタダ乗りするシーンは、まるで范冰冰のプロモーション映画であるかのような大写しが続くが、『ロスト・イン・北京』で范冰冰が演じたヌードシーンが、その後当局からの「再教育」という災難を彼女にもたらしたことを思うと、冒頭のバーでの大胆な暴れぶりも含め、このような彼女の無法行為の強調は、南風というより、范冰冰自身の反抗であるように見えてくる。いずれにせよアウトローな青春をヴィヴィッドに描いた映画が少ない中国では、強い印象を残すシーンだ。

この他にも、敏感な「立ち退き」問題に触れていることや、即興性溢れる演技などが話題を集めた本作だが、実は常月琴と南風の、母子愛とも同性愛ともつかない、微妙な人間関係も興味深い。『唐山大地震』が、肉親による家庭の崩壊の後に、養子縁組という家族の新たな築き方を示し、家族の意味を問うているように、『ブッダ・マウンテン』も、家族を喪った家主に、借家人との信頼関係を深めさせたり、仏教思想に触れさせたりして、血縁以外の社会的な人間関係がもたらし得る救いを提示している。

その過程において、若者三人が修行僧と対話するシーンが描かれるが、これは当時、中国で仏教思想が流行していたことが背景にある。例えば、人気小説家のアニー・ベイビーは、小説『蓮花』などで仏教思想に目覚める若者像を描いた後、自身も仏教徒として再スタートし、慶山というペンネームで作品を発表し始めた。私の周辺にも、一年に数カ月、修行のために寺院に滞在したり、仏教関連の本やお経を読んだり、職場や家に仏像を置いたり、さらには自らの創作に仏教のモチーフを取り入れたりする人々が現れていた時期だった。つまり、廃墟となったお堂を修復し、過去の賢者の思想や世界観と接し、そこに安らぎを求めるという『ブッダ・マウンテン』のシーンは、当時顕著になりつつあった、比較的若い世代の仏教回帰と呼応したものだといえるだろう。同時期、小規模ながら仏教思想を反映したロードムービーなども公開されたが、映画館に足を運ぶと、袈裟を来た僧侶がたくさん鑑賞に来ていて驚いたものだった。

だが現実はどうあれ、残念ながら映画の世界においては、仏教を含めたいかなる思想や関係や行動も、最終的には常月琴の苦しみや孤独感を救えなかった。そういう意味で、『ブッダ・マウンテン』はとても切なく、絶望的な物語だ。もちろん、人の数だけラストは違うはずで、常月琴の選択はその一つにすぎないが、宗教を迷信とする時代の都市部で生まれ育ったはずの常月琴が、仏教思想との距離感を縮められず、仏に完全に帰依しきれぬまま終わるのは、展開としては十分にリアリティがある。
そして若い南風たちは、常月琴の絶望に寄りそいながらも、怖れることなく恋愛をする。人には、絆を突き放す自由もあるが、深め合う自由もあるのだ、と主張するかのように。水中でキスをする二人はまるで魚のように見えるが、中国において魚が水と戯れる様子をシンボルとした「魚水之歓」という言葉は、精神的にも性的にも深く結ばれた男女の関係を意味する。暗い結末を少し軽くするその対置は、本当の復興とは、「人との絆や関係を築き直すこと」だとシニカルに訴えかけるとともに、検閲のしがらみをかなぐり捨て、人の死と性の衝動が交錯する背徳的で濃厚な瞬間を鋭く際立たせている。

階級闘争の後遺症

『闖入者』

かつて中国で展開された過激な階級闘争は、人々に大きな傷跡を残した。まだまだ文革批判にはタブーの多い中国でも、「階級闘争は必要だったが、文革の頃はあまりにやりすぎた」という言い方で文革を婉曲的に批判する人は多い。実際、国営メディア、つまりもっともお堅いことを言わねばならない立場の人の口からでさえ、「親や祖父母の出身が問題視されたからといって、その子供までにも労働改造を強いたのはやりすぎだった」という発言を聞いたことがある。

過激な闘争は、被害者はもちろん、加害者や、彼らの家族にも大きな後遺症を残した。それは、現在の中国で暮らしていても、ふとした拍子に感じられる。例えば文革中の政治運動によって受けたショックのために、今も精神的な障害に苦しんでいる人は少なくないようで、思わぬ場でそういった人と出会い、はっとする。

だが以前は、そういった深刻な「後遺症」を負った加害者や被害者、とりわけ加害者に焦点が当てられた作品を、中国の映画館で目にすることはなかった。その長い沈黙を破り、王小帥監督が『**闖入者**』（二〇一四年）を発表した時、私はやっと撮られるべき作品が撮られた、と感じた。作品は、政治的な闘争を利己的に利用したことで、精神的な後遺症を負い、自責の念に苦しむ老女の悲劇を、実に丹念に描いていた。

一作一作が粒ぞろい。そんな印象を与える王小帥監督の映画の中でも、最高傑作とされている本作の主人公は、夫を喪ったばかりの老女、老鄧（演＝呂中）だ。

老鄧は老人ホームで暮らす高齢の母親をたびたび見舞う、責任感のある面もつが、頑固で強引な性格であるため、長男の張軍（演＝馮遠征）や二男でゲイの張兵（演＝秦昊）の生活にも干渉してしまい、長男の妻（演＝秦海璐）との摩擦も絶えない。そんなある日、老鄧に無言電話が

◉『闖入者』(監督：王小帥)

かかってくる。それは些細な出来事のようで、実は次々と襲う不審な事件の幕開けだった。

前半では、日本でも関心の高い老老介護や独居老人の現状が描かれる。その描写もリアリティがあるが、後半で舞台が貴州の山間部に移ると、焦点は過去の歴史、そしていかにも王監督らしく、少年犯罪や都市と農村の格差へと移る。

中国では一九六四年から八〇年にかけて、軍事的理由から、内陸部の工業化が強力に推し進められた。その際、何百万に上る人々が沿岸部から内陸部に生活の拠点を移した。いわゆる「三線建設」政策だ。移住者の多くがその後、沿岸部への帰還を望むが、叶えられたのはごく一部の人々だった。

「都市戸籍の者こそ幸福になれる」という、登場人物の価値観に違和感を覚える人もいるかもしれない。だが実際のところ、現在の中国ではまだ、教育や医療、社会福祉などの多くの面で農村と都市の格差が大きく、そこに懐郷の念も加わって、都市からの移住者は、都市へ戻ることを望むことが多い。

もっとも、本作が巧みなのは、そういった深刻な社会のひずみを直接描くのではなく、類まれな映像美とともに、老鄧の心境の変化や行動を通し、謎解きをするようにあぶり出している点だ。

時代の圧力が個人を加害者にしてしまった時、加害者は同時に被害者でもある。だがいくら被害者であれ、自身の罪そのものが消える訳ではない。そのため、良心を取り戻した者ほど、やがて癒し難い「罪の意識」に苦しむことになる。その残酷さは、戦争犯罪などと同じで、体験していないと描きづらいはずだ。だが作品の視点は、果敢にも加害者の立場に立ち続ける。そしてその孤独を温かいまなざしで包む。

最初は険しいだけだった老鄧の表情が、悔悟の念に駆られるにつれ、人間らしくなっていく様子が印象的だ。だがほっと一息つく暇もなく、物語は驚きの結末を迎える。

本作は「三線建設」に参加した家族の生活を描いた王監督の三部作の最後を飾るもので、前二作は『青紅』と『我11』だ。それぞれ少女と少年が主人公で、本作に輪をかけて内陸部の生活が生き生きと描かれている。

世界の映画と対話する

『我11』『ヤンヤン　夏の想い出』

幸か不幸か、二〇世紀末からの十数年ほど、中国大陸では映画の海賊版がかなり幅をきかせた。そのため、中国の映画ファンはずいぶんと国内外の映画に詳しくなった。ある日、失礼ながらどう考えても映画館通いに金銭を費やすのは難しそうなブルーカラーのおばさんが、実はとんでもない数の映画を観ていると知って驚いたことがある。映画関係者ならなおさらで、その多くが、日本の関係者を凌ぐほどの数を観ていた。どの映画を観るにもそれなりの対価を払わねばならない日本と比べると、ずっと安い値段で映画のDVDが買えてしまうからだ。

もちろん海賊版の利用は、決して褒められたことではなく、映画産業の発展を大きく妨げるものだ。だが、映画館でロードショー上映される映画の種類がごく限られているという状況においては、海賊版の利用は映画ファンにとってやむを得ない面もあった。海賊版の流通が、中国の映画ファンに海外の映画ファンとの共通言語をもたらし、自主上映会などを通じた交流や理解、および中国の映画市場の土台作りなどを促進した面も否定することはできない。もちろん、映画監督たちにも豊富となった情報量は大きな刺激を与えた。

何はともあれ、観客の鑑賞眼が海外の映画を観ることで成熟すれば、そこで生まれる映画も世界を視野に入れたものとなりやすい。やがて、中国の監督が海外の映画や文学作品の舞台を中国に移した映画を撮ることも珍しくなくなった。その流れを受けて、先述の「三線建設」三部作の一つ、**『我11』**（二〇一一年）が登場したことは、映画同士が呼応し合い、対話をする時代になったことを意味した。この作品はタイトルから見ても、明らかに台湾の鬼才、楊徳昌（エドワード・ヤン）の**『ヤンヤン　夏の想い出』**（原題『一一』二〇〇〇年）へのオマージュであり、いずれも一一歳の男の子を主人公としている。

だがもちろん、主人公の年齢こそ同じでも、台湾と大陸では、経てきた歴史も文化的環境もあまりに違う。そのため、映画を実際に観終わってみると、二つの作品が描く世界のあまりの違い、つまり主人公が出会う事件の苛酷さの差に言葉を失う。いずれも監督の自伝的な作品なのだが、台湾の一一歳が目にしたのは、家族とのつながりや世界をどうとらえればいいのか、といった、個人が起点の、素朴な好奇心に満ちた世界だ。一方で大陸の一一歳が暮らしていたのは、文革末期に隣人の親子が政治的な理由で迫害されるのを目の当たりにする、といった、自分の力ではどうにもならない構造の中で、誰もがイデオロギーに感性を強く刺激される世界だ。さすがに今は、大陸と台湾の子供が育つ環境の差は縮まっているはずだが、一昔前の大陸と台湾の一一歳はこんなに違っていたのか、とため息が出てしまう。

そして恐らくは、その差そのものが作品のメッセージなのだ。誰もが経ている一一歳という微妙な年齢に、観る者一人一人を立ち返らせることで、その互いの差、ときに残酷なほどの境遇の違いを体感的に知らしめる。新たな関係とは、そういった相互理解を経てこそ着実なものとなるのだろう。

このように、二一世紀に入ってからの中国映画には、海外の作品を原作にしたものや、それらへのオマージュやパロディとして制作されたものがいくつも見られる。話題になった例を挙げるなら、まずはマルチ映画人である徐静蕾がプロデュース、脚本、監督、主演を一手に兼ねた『見知らぬ女からの手紙』（原題『一個陌生女人的来信』二〇〇四年）だ。シュテファン・ツヴァイクの短編を、舞台を民国期の中国に移して映画化したもので、翻案の巧妙さもさることながら、民国期の知識人の生活が憧れの目で、雰囲気たっぷりに描かれているところに新味がある。その他では、『十二人の怒れる男』の舞台を中国に移し替えた『十二公民』や、アメリカ映画『めぐり逢い』（一九五七年）にヒントを得た『めぐり逢えたら』（一九九三年）を下敷きとし、ニューヨークのエンパイア・ステートビルで最終的に結ばれる男女の恋物語を描いた『北京遇上西雅図』なども話題を呼んだ。

一方、国際派の監督の間では、オムニバスの形で海外の監督とコラボレーションを行う者も増えた。『10ミニッツ・オールダー』（二〇〇二年）の陳凱歌や、『それぞれのシネマ』（二〇〇七年）に台湾の鬼才、蔡明亮とともに参加した張芸謀、陳凱歌、王家衛、『ニューヨーク、アイラブユー』（二〇〇九年）の姜文、『42 One Dream Rush』（二〇一〇年）の婁燁や張元、『5 TO 9』（二〇一四年）の杜海などだ。この他、『それでも生きる子供たちへ』で、香港の呉宇森（ジョン・ウー）が、初めて大陸を舞台にした『桑桑（ソンソン）と小猫（シャオマオ）』（二〇〇五年）を撮影しているのも、注目に値する。

翻弄される家族のヒストリー

『美麗上海』『再会の食卓』

あくまでも私の印象だが、一九九〇年代から北京オリンピック前までの中国は、急速な経済発展がもたらしたひずみも目立ったが、文化界には総じて活気があり、しばしば、タブーを恐れない大胆さを感じとることができた。ちょうどそんな時期の二〇〇四年に上映された彭小蓮監督の『**美麗上海**』を観ると、さらにその感を強くする。

文革後のとある家族の肖像を描いた『美麗上海』の舞台は、解放後、数家族が雑居するようになった上海の古い洋館だ。

洋館の一角に住む老母は、かつてその家の主だった資産家の妻で、今も洋館に特別の愛着を抱いていた。彼女の入院を機に、ある日、その四人の娘、息子が一堂に集まる。最初は再会を喜ぶ兄妹だが、生来の気質の差に加え、たどってきた人生があまりにも違うため、四人は次第に不協和音を奏で始める。

大学卒業直後に文革が始まり、中国の西北部に行かざるを得なかった長男は密かに、せめて自分の娘には上海でいい教育を受けさせたいと望む。文革によって大学に行くことができなかった長女は、自由奔放に育った娘を持て余すばかり。文革後に教育を受け、弁護士になったその弟は、経済力こそあるものの、妻との不和により、離婚の危機にある。誰もが憧れるアメリカ留学を果たし、アメリカでIT関係の仕事をする末の妹は、仕事のプレッシャーと不景気により、アメリカでの生活に不安を感じている。

互いの会話や行動を通じて、しだいに兄妹それぞれの長所や欠点が明らかになる。それは老母についても同様で、酸いも甘いも嚙み分けた人物ならではの個性が印象的だ。かつては裕福な暮らしを送っていた老母だが、一転して文革中には夫を紅衛兵に殺され、街の清掃を強いられた。そのため、子供や孫たちを温かいまなざしで見守る一方で、教養こそが財産だという信念や、良家出身のプライドから、時にしつこいほど教育ママぶりを発揮する。

老母が四人の兄妹に渡す形見の品には、いずれも特別な意味があり、その由来から、かなり裕福だったらしき家族の歴史が見えてくる。なかでも興味深いのは、家族の負の遺産とも言える「文革の記憶」の、一番かなめで辛い部分を伝授されるのが、アメリカ在住の妹だという点だ。

もちろんそれは、次女がその部分に一番深く関わっていながら、それを母親に隠していたからでもある。紅衛兵らが当時小学校二年生だった彼女に強いて書かせた「父親は資本家だ」という告発状によって、父親は紅衛兵になぶり殺されていた。殺された父の悲惨な様子を語る母を、妹は「もうやめて！」と遮る。だが母親は語ることをやめず、「書いたのはあなただと知っていたけれど、あなたを責める気はない」、「歴史は忘れてはいけないけれど、恨みは許すことができるのよ」と語る。

だが現実の中国では、残念ながらまだ、文革の悲劇を批判的、内省的に語り、忘れぬよう胸に刻むことは難しい。母親の描写からは、今のところ真実を忌憚なく語り伝えられるのは海外の華人だけであり、悲劇の核心にいた妹ならなおさら、その詳細を切実に語れるはずだ、という監督の思いが伝わってくる。

歴史は語り継がねばならない、という老母の悲願は、二つに破られた夫婦の記念写真をふたたび一つに重ね合わせはしても、きちんと貼り合わせはしない、という動作にも表れている。心の中ではいくら夫とつながっていても、家族が絶縁を強いられた歴史自体は忘れてはいけないのだ。

母親の死後、家族が多くの年月を過ごした洋館は、高架橋を造る工事のために取り壊されることになる。ラストで、暗い家の中に取り壊しの工事の音と隣家のピアノの練習の音が響き渡るシーンが印象的だ。取り壊しの音が強まると、最初は和音だったピアノの音が、不協和音に変わる。香港を舞台にした関錦鵬（スタンリー・クワン）の映画、『ルージュ』（原題『臙脂扣』一九八七年）で、主人公たちは高架橋を眺め、その場所に半世紀前にあった建物で起きた事件を振り返る。だが、半世紀後の上海で、高架橋を見ながら洋館のことを思い出す人はどれだけいるだろう。

置き去りにされた歴史を掘り起こす自由は、文革開始から半世紀経った二〇一六年現在、むしろ『美麗上海』の時代より後退しているように見える。そう思うと、『美麗上海』の価値はさらに増す。つまり、大陸映画はその撮った時代、撮られた時代、撮った後の時代の三つに大きく影響される、ということになる。

中国大陸にはもう一つ、確かにあったのに、あまり語られることのない歴史がある。それは台湾と関わる歴史だ。

そもそも台湾の文化自体、大陸、特に北京では偏ったものしか触れる機会が得られない。中国大陸側の公式な見解では、台湾は自国の一部のはずなのに、皮肉なことに、北京で台湾映画を観ることは、フランス映画を観るより難しいのだ。つまり大陸にいると、台湾は近くて遠い存在であり、それだけに、中国の映画館で**『再会の食卓』**（原題『団円』二〇一〇年）が流れた時は、とても新鮮な感じがした。

『再会の食卓』は、前作『トゥヤーの結婚』で、ベルリン国際映画祭金熊賞を獲得した王全安監督の作品で、本作もベルリンで最優秀脚本賞を受賞している。作品の内容が当局にとってセンシティブなものだったため、アメリカでの公開は二〇一〇年だが、大陸での上映は二〇一三年まで延期された。

本作の主人公は、上海で平和な老後を送っていた一人の老婦人（演＝盧燕）だ。夫と大勢の子供や孫たちに囲まれて平和に暮らしていた老婦人の元に、ある日驚くべき知らせが入った。国民党の兵士として台湾に渡ったまま消息を絶っていた最初の夫（演＝凌峰）が、半世紀ぶりに自分を訪ねてくるという。これまで面倒を見てくれた現在の夫への感謝の念と、前夫への愛情との間で、老婦人の心は揺れ動く。前夫が彼女を台湾に連れ帰りたいと宣言するに及び、事態は息子や孫たちをも巻き込んで、彼らの心を大きく波立てていく。

海を挟んだ人々の関係の中には、中国大陸と台湾の歴史が投影されている。その一方で、時代の流れに個人が翻弄されるありさまも印象的だ。とりわけ鮮烈に描かれているのは、政治的状況や社会のシステムに個人のささやかな幸福までもが妨害される荒唐無稽さ。家族を迎えるだけなのに「居民委員会」のおばさんが出てきたり、離婚をする前に未発行だった結婚証を手配しなくてはならなかったりと、独特の社会制度ならではのシニカルな状況があちこちで顔を出す。

頻繁に登場する「食事」シーンも興味深い。そのトーンも、「帰郷者」へのもてなしの心、長年連れ添った夫婦の情、懐旧の思いなど、豊富で鮮やかだ。例えば夕立によって遮られる食事のシーンからは、割りきれず、断ち切れない家族の関係、ひいては中台関係の隠喩までもが感じられる。

もちろん、食事という行為やそのさいの会話によって、登場人物たちの暮らしぶりを示唆するのは多くの映画で用いられる手法だ。だが本作ではそれが「人生の縮図」にまで昇華されている。食事自体にも時間がかかるように、生きていくべき時間がいかに長くても、人はその時間をやりすごしていかねばならない。いかにつらくても毎日食事をし、なんとか元気を出して乗り切っていくのだ。

賈樟柯、李安、王小帥、張元、そして馮小剛に小津安二郎……。正直なところ作品のスタイル全体には、中国内外の多くの著名監督の映画の印象が重なってしまう。だが本作には、小津安二郎の『お茶漬の味』的世界とは似て非なる、中国的「食卓」哲学がある。それは同じく中華料理の豊かな文化と家族の関係を鮮やかに結びつけた李安の『恋人たちの食卓』(原題『飲食男女』一九九四年)の哲学とも一味違う。むしろ近いのは、『イノセントワールド』のラストに見られる、「食べることこそ生きること」という、生命の無条件な賛美だ。

ちなみに主演の凌峰も記者会見で強調しているように、「海派文化(上海の文化)」が堪能できる映画としても、本作は見応えがある。モダン都市、上海のシンボリックな風景の数々、古い横町、「弄堂」の生活感、昔ながらの住民同士の人間関係、上海の古い流行歌などが、上海の街の特色や空気を、強い臨場感とともに伝えている。またたいへん貴重なのは、古い住宅区の取り壊し、新興住宅地における住民や家族のつながりの希薄化などといった近年の上海、そして中国の多くの大都市で顕著な問題にも、簡潔にだがずばりと言及していることだ。

蘇る文革的ラブストーリー

『サンザシの樹の下で』『妻への家路』

誤解を恐れずに言えば、文革を描いた映画を少しでも観たことがあれば、張芸謀監督の『**サンザシの樹の下で**』(原題『山楂樹之恋』二〇一〇年)には、既視感を覚えることだろう。

一九七〇年代初め、高校を卒業したばかりの静秋(ジンチュウ、演＝周冬雨)は、文革の政治運動のなか、農村で革命の教材作りに励む。そんな彼女の前に現れたのは、地質調査を行っていた老三こと孫(スン、演＝竇驍)青年。当時としてはめずらしく、時代に囚われない考え方の持ち主である老三は、思いやりと誠意のある態度で静秋の心をつかんでいく。だが、微笑ましい誤解を経て二人の心が結ばれたのもつかの間、老三は「愛ゆえに」静秋の元を去る。

まさにピュアそのものの恋物語だ。昔の張芸謀作品、特に『初恋のきた道』(原題『我的父親母親』一九九九年)が好きなファンは、この作品を見てホッとしたのではないだろうか。あの張監督が帰ってきた、と。愛し合う二人を引き裂くのが特殊な時代背景なのか、思わぬ病なのか、老いによる死なのかという差はあるが、基調が自然豊かな風景を背景に繰り広げられる清らかで哀しい愛情物語という点は同じだ。撮影の手法も物語の展開も淡々としているが、飽きさせはしない。青春映画の原点に戻ったかのような、その簡潔な表現を通じて伝わってくるのは、青春や生命のかけがえのなさや、人を想う心の素朴な美しさであり、映画初出演で主人公を演じた周冬雨と竇驍の真摯な演技も、作品の印象を爽やかなものにしている。

原作は大反響を呼んだネット小説で、映画化をめぐっては、著名監督の間で激しい争奪戦が展開された。だが、知識人を農村に送り込み農業労働に従事させる「下放政策」によって、自らも実際に農村で暮らした経験をもち、当時初恋も味わったという張監督が最終的に映画化を実現し、多くのファンを納得させた。

中国大陸で九〇年代前半に大ヒットした歌謡曲に李春波の『小芳』がある。文革期に都市部から農村に下放された青年が、現地で出会い、恋に落ちた娘のことを懐かしく思い出す歌だが、当時の流行り方は相当なもので、自転車に乗りながら口ずさんでいる人も少なくなかった。姜文の『太陽の少年』(一九九四年)を観ても分かるように、この時期は、文革の記憶がある程度遠ざかり、文革を「圧倒的な悲劇」としてだけでなく、甘いノスタルジーとともに振り返る風潮も許容されるようになっていたのだ。

だが時代が下り、この『サンザシの樹の下で』が発表された頃は、映画に限らずアートや文学などの分野でも、文革時代の「典型」やシンボルを描くことは、すでに時代遅れとなっていた。描くにしても、それまでにない新しい角度から描かれなくてはならない段階にあった。にもかかわらず、本作は公開時、多くの中高齢者が映画館を訪れたことで話題を呼んだ。中国で現在、映画館に頻繁に足を運ぶのは、日本と比べて圧倒的に若い年齢層が中心であるため、これは特筆すべき現象で、中国の一部の層においては、「文革」+「下放」+「恋愛」の模式はまだまだ大きな反響を生むことが証明されたことになる。また、本作では主人公の友人が体験するにとどまるものの、しばしばこれらの要素には、「結婚前の妊娠」というおまけがつく。

ちなみに、作品には実話に基づいた「史上もっとも純粋な恋愛物語」との宣伝文句が付された一方で、若い観客の間では主人公らのプラトニックな恋愛関係、とりわけ「同じベッドで一夜を過ごしながら何も起きなかった」という関係が、「現実にはあり得ない」と半ば断定的に評価された。これもある意味で、プラトニックという言葉から遠ざかっている昨今の若年層の恋愛観を反映したものとなり、興味深かった。

張芸謀監督はその後も回帰路線を諦めなかったようで、『サンザシの樹の下で』の四年後、『**妻への家路**』(原題『帰来』二〇一四年)が封切られた。新たに「楽視影業」と契約を結んだ張監督の最初の作品であり、主演にはかつて張監督と公私ともに親しい関係にあった鞏俐が復活している。中国初の4K映画でもあり、その映像美にはかのスピルバーグ監督も涙した、などの報道が本作の登場を華々しく飾った。

だがその豊かな話題性とは裏腹に、作品の筋書きは、含蓄に満ちつつもいたってシンプルなものだ。

文革の最中、舞踊団で革命バレエを踊る丹丹（タンタン、演＝張慧雯）と母親の馮婉瑜（フォン・ワンイー、演＝鞏俐）は、二人だけの暮らしを何年も強いられていた。父親の陸焉識（ルー・イエンシー、演＝陳道明）が右派分子のレッテルを貼られ、西北部で強制労働をさせられていたからだ。だがある日、母と子に父の逃亡が知らされる。婉瑜はリスクを覚悟で夫の無事を祈り、再会を待つが、父親の存在によってバレエ団で主役の座を逃した丹丹は父親との接触を拒む。その後の家族を襲ったのは、親子や夫婦の絆さえ断たれるほどのすさまじい試練だった。

まず注意を引くのは、登場人物の名前がもつ暗示性だ。馮婉瑜は「逢晩遇」と同音で、「会うのが遅かった」ことを連想させ、陸焉識も「路焉識」と読めば、「進む道など分かるはずがない」という意味になる。その暗示の通り、夫婦を襲う不幸はどこか宿命的だ。だが夫婦の溝が劇的に深まった後も、作品のリアリティとロマンチシズムは失われない。それは、溝を埋めようとする夫の努力の描写が実に細やかであり、ひいては妻との「第二の出会い」までをも感じさせるからだろう。主役陣の熱演もすばらしく、なかでも鞏俐の演技はまさに円熟の極みだ。

文革がもたらした悲劇を描いた中国映画は珍しくなく、特に一九八〇、九〇年代には傑作がある。だがその多くはアート系映画の範疇に留まり、当の文革体験者の間で広く知られているとは言えない。一方、中国の商業映画に描かれる文革は、これまで往々にして単なる「背景」にすぎなかった。そんな中、『妻への家路』は視覚的に残虐なシーンは避けつつも、個人のチャンスや夢を奪い、夫婦の記憶を空白にし、家庭まで崩壊させた文革の極めて悲惨な一面を克明に描き出している。

もちろん、この作品で描かれる文革はあまりに断片的で、悲劇の集積としての記録や、迫害され、辛苦を嘗めた当の本人の視点からの描写を見慣れている観客には物足りないかもしれない。だがその一方で、当時の庶民にとっての文革の悲劇は、まさに作中で描かれているように、自分や自分の身辺の人を次々と巻き込んでいく、どこか得体が知れないものだったはずだ。『妻への家路』はそういう、当事者のいつ終わるともしれない切実なつらさを、「待つ」という行為に象徴させた作品だと捉えることもできる。

むしろ貴重なのは、本作が同時に、抗い難い時代の波に夫婦のささやかな幸福を対置した大衆的なメロドラマとしても高い完成度に達していることだ。そして、夫婦愛や家族愛という普遍的なテーマを前面に出していたからこそ、多くの「文革体験者」もあまり抵抗なく映画館に向かえたのに違いない。そして、自分の体験と比較したり、重ね合わせたりすることができたのだ。

夫の帰りをひたすら待つ馮婉瑜の姿に、監督の理想の女性像が押しつけられている感じがするのは否めない。だがそこに過度の違和感を覚えずに済むのは、ストーリーのインパクトを決定的に左右している「記憶喪失」という要素があるからだろう。作中では一時期、「夫はすでに死んだ」と信じ込んだ妻が他の男性と関係を持ったことが暗示されており、その「裏切り」のショックが妻の記憶の喪失に影響したことがほのめかされている。現在、政府だけでなく、多くの個人が、文革に対してあたかも「記憶」を「喪失」したかのような状態に陥っているが、察するに、その理由の多くも、身近な人を裏切ったり、大事なものを壊したりしたショックのために、思い出すのがあまりに辛いからだ。つまり「記憶喪失」の介在は、文革と現代社会の関係に対する、内省的でシニカルな視線によるものであり、「忘却」の形でしか残酷な現実を描けないという、パラドックスの表れでもある。

何はともあれ、家族が引き裂かれるという、文革中の悲劇を描いた映画でありながら、全国でロードショー上映され、各種のメディアでも好意的に取り上げられ、世代や趣味の枠をこえて、大きな話題を呼んだというのは、特筆すべきだ。また、映画館に多数の中高齢者を呼び寄せたという意味では、『サンザシの樹の下で』をも上回り、私が当時足を運んだ映画館でもそれは強く感じられた。興行成績も公式発表では二・九二億元に上ったとされ、国産の文革モノ映画としては最高クラスに違いない。

文革を背景にしたラブストーリーにはまだまだ多様な角度や感覚から描かれる余地があるはずだが、映画界の世代交代が進むなか、文革を実体験として知る監督は少なくなりつつある。

そう考えると、中国の映画産業の急成長期に、張監督のような、多くの資本を集められ、作品のロードショー上映も可能な監督によって、このような作品が完成され、公開されたことには、やはり作品と時代の幸運な巡り合わせを感じずにはいられない。

親子の確執を描く

『胡同のひまわり』『藍色骨頭』

『妻への家路』でも描かれているように、政治運動による「人災」は夫婦の絆だけでなく、多くの親子の絆も翻弄した。同じく「文革とその後」を描いた『**胡同のひまわり**』(原題『向日葵』二〇〇五年)は、そんな悲劇に直面した父と子に焦点が当てられている。

物語は文革末期の北京から始まる。

母親(演=陳冲)と二人で暮らしていた向陽(シャンヤン、演=張凡、高歌、王海地)の元にある日、五年間にわたる「労働改造」を終えた父親(演=孫海英)が戻ってくる。戸惑いながらも、その存在を受け入れようとする向陽だが、父のスパルタ式の絵画教育は、遊び盛りの彼に反発心を植えつけるばかり。思春期を迎える頃には、父親との価値観の差はさらに広がっていた。だ

◉『胡同のひまわり』(監督：張楊)

が、やがて絵描きになった向陽は、絵を通じて父親との関係を見つめ直す。

監督は『こころの湯』で失われゆく北京の下町の銭湯文化を描いた張楊で、本作は『こころの湯』、『昨天』に続く、父親と息子の関係をテーマにした三部作の最後の一作だ。

社会の変化と人間関係の変化を巧みに交錯、呼応させるのが得意な張楊監督は、本作でも父と子の微妙な関係、互いへの感情の変化を描きつつ、文革後の北京の社会変化をめぐるディテールを随所に盛り込んでいる。唐山地震が当時の北京にもたらした影響、四人組の打倒パレードの様子なども比較的丹念に描かれており、時代を知る手掛かりとしても貴重だ。

隠れた見所も多い。前半では、味わいある雑居型四合院での生活風景や、メンコ、ビー玉など、一九七〇年代の子供たちの遊びが次々と登場する。ラストの目玉は、家族と時代をめぐる深いメッセージが込められた、現代アートの巨匠、張暁剛の絵画だ。この絵画のもつインパクトにより、本作には張暁剛の伝記的要素があるのでは、と考えた人も少なくなかったが、ある機会に張暁剛氏に直接尋ねたところ、「わたしの子供時代とはだいぶ違うよ」と一笑に付された。

何はともあれ、家族の関係、個人の価値観の急変が、北京の古い街並みや住まいの変化とリンクしているのを観ていると、時代が変わっても人がけっして捨てられないものとはなんだろうか、と考えさせられる。母親はマンションを得るために偽装離婚をするが、背景にあるのは、マイホームの獲得に人々が血眼になり、たとえ偽装であろうと、家族の縁さえいったんは断ち切ってもかまわなくなった異常な時代の空気だ。一方、父親は文革後、息子をきちんと育て、家族の絆を深め直すために自らの人生を捧げてきた。だが、心の奥ではすべてを捨て、自分のためだけに生きる人生も求めている。マイホームに執着した母親の打算ずくめの「縁切り」が、かえってそんな父親の背中を押すことになったのは、一見唐突に見えて、実は自然な展開なのだろう。

ちなみに、映画と現代アートは、畑を異にしているように見えるが、中国では両者のつながりは強い。作品のコンテンツにおいても、人材の面においても、発表の場においても、境界はどこかあいまいで、テーマも互いに影響し合っている。

さすがに美術作品と商業映画を並行して撮る監督は少ないが、美術の素養がある映画監督は多く、かつては舞台美術をしていた馮小剛や美大の付属高校出身の王小帥、路学長、子供の頃から絵画を愛し、その後撮影学科で学んだ張元や顧長衛などはほんの一例だ。最終的にはそのほとんどが、映画関係者を育てるエリート大学である北京電影学院に通っているが、これは北京電影学院が中国において、映画関係の人材を専門的に養成する代表的な大学だからだ。

そのため王小帥の初期の作品などは、現代アート作品としても十分観賞できるし、路学長は美大付属高校時代、紙芝居風の伝統絵本「連環画」を専攻していたことが、ストーリーの考案に興味が生じるきっかけになったという。また賈樟柯も美術に造詣が深く、現代アート作家の劉小東をテーマにしたドキュメンタリー、『東』などを撮影している。こういった美術畑との親和性は、中国の一部のアート系映画において、絵画を思わせる構図や、光線の美しい捉え方などに結晶されている。この他、CG技術を使った作品などでも、美術チームの独創的で精緻なドローイングが、美術専門のメディアを賑わわせたりしている。

一方、北京の現代アートの関係者の中にも、優れた映画の普及に関心のある人は多い。北京の有名な現代アートの空間では、インディペンデント映画の上映会がしばしば開かれているし、中国現代アートを海外に積極的に紹介した人物として知られる栗憲庭は、その後、中国のドキュメンタリー映画の発掘と振興にも力を注ぐようになった。

こういった環境の形成には、現在活躍している監督たちが子供だった頃は、誰でも手軽に学べる芸術的な表現手段は、絵画以外にあまりなかったこと、また北京などの大都市にある芸術家村などで、駆けだしの映画監督やアーティストが、ジャンルをあまり問わず集まって暮らしていることなども影響しているだろう。

ジャンルを超えたチャレンジという意味では、中国におけるロックの確立者として不動の知名度と人気を誇る崔健の初監督映画、**『藍色骨頭』**(二〇一四年)もさまざまな要素を具えた野心作だ。

主人公は、ウェブ作家でミュージシャンで、ネット空間では「後ろ暗い仕事もしている」青年、鐘華(演=尹昉)。中国語で「中華」と同音の名前をもつ鐘華が生きている現在とは、文革の時代にルーツをもちながらも、過去の真相を語れないまま、イデオロギーや倫理観が説得力を失い、金銭が圧倒的な力をもつにいたった時代だ。たまたま女性アーティスト、萌萌(演=黄幻)のデビューを手伝うことになった鐘華は、ある日、長らく音信が途絶えていた父親から郵便物を受け取る。その時から鐘華は、革命時代の両親の記憶、まるで「魚と鳥のように」互いに住む世界を異にしていた二人の関係を追憶し始める。そして、両親と自分の関係を見定めると同時に、自らの立つべき位置をも確認する。

「ロマンチシズムを目的に据え、孤独感を過去へのトンネルとする」と独白されるその探求は、田壮壮監督の『青い凧』へのオマージュと見られる「青い凧」を象徴的に用いながら、その過程に、さまざまな社会現象の断片を盛り込んでいく。イデオロギーの強制が個人の創作に強いた犠牲、同性愛者の恋愛感情と孤独感、特務活動が強いる秘密主義の弊害から、無料ダウンロードによる著作権侵害の問題、ハッカーの暗躍、ウイルス散布とウイルス解読ソフトの関係、サイバー警察によるネット検閲の問題、中国語で「潜規則」と呼ばれる芸能界の不文律、そして持ち上げ記事を書かせるために記者に「紅包」と呼ばれる金銭を渡す風習まで、いずれも、巷では広く知られつつも、多くの敵を作るため、映画で取り上げられることはまれなテーマばかりだ。まるで「もう次はない」と生き急いでいるかのような問題提起のオンパレードで、盛りすぎの感が否めないが、さすが世の中の欺瞞に敏感なロックスターが手掛けた映画だけのことはある。

ちなみに『藍色骨頭』は、崔健の歌のファンだという張宝全が、脚本を一目見て、投資を決めたという。張宝全は巨大デヴェロッパーの理事長と北京屈指の現代アート美術館の創設者という二つの顔を持つだけでなく、二〇〇五年より映画産業にも関わってきた。近年は光ディスクの新規格、EVDの普及に努めるとともに、アート映画や若手監督の映画への投資にも積極的だという。これには彼の若い頃の経験、つまり北京電影学院の監督科を卒業後、最初にビジネスを始めたのは、映画の制作資金を貯めるためだったという経緯とも関わりがあるようだ。

革命時代の子供たち

『太陽の少年』『小さな赤い花』

文革といえば、暗くて重苦しいイメージを抱く人が多いかもしれない。実際、大多数の大人たちや、大人たちにきちんと管理された子供たちにとっては、息のつまる時代であったに相違ない。だがその一方で、親を奪われた子供たちには、別の次元の自由があったようだ。それは「放任」によって生まれたものだった。姜文の『**太陽の少年**』(原題『陽光燦爛的日子』一九九四年)を観ると、その突き抜けるような開放感が良く伝わってくる。

中国の青春映画の金字塔ともいえるこの映画が醸し出す空気は、底抜けに明るい。それは恐らく、抑圧の中だからこそ、余計輝いてみえる類のものだ。

大人が政治運動に明け暮れる中、ほぼ野放し状態になった少年たちが、北京の路地を縦横に走る。年配の者たちはみな下放政策で農村に送られていたり、部隊に参加したりしており、当時の北京の街は、親も教師も、警察さえも眼中にない彼らの天下だった。そんな中、燦々と降り注ぐ日差しの下で、少年馬小軍(シャオチュン、演=夏雨)は、マドンナ米蘭(ミーラン、演=寧静)に恋をし、性に目覚める。

本作は当時、すでに俳優として名声を確立していた姜文の監督デビュー作品となった。公開後は国内外で大反響を呼び、主演の夏雨はヴェネツィア国際映画祭で主演男優賞を獲得している。

随所にちりばめられたユーモアが観る者を飽きさせないだけでなく、コントラストの強調や、壮大でシンボリックな風景の挿入など、その後の姜文映画においては過剰でやや鼻につく手法も、この映画ではしっくりとテーマになじんでいる。

この映画が発表された一九九四年の中国では、文革の記憶はまだそこまで遠ざかってはいなかった。当時は文革の混乱と狂気を暴き、中国では禁書扱いとなった張戎（ユン・チアン）のノンフィクション、『ワイルド・スワン』が世界にもたらした熱が冷めやらぬ頃だったが、日本で知り合った六〇年代末生まれの中国人留学生がこの本について、「当時の中国ではあんな境遇の家族はごまんとあった。内容自体はちっとも珍しくない」と語っていたのが今も印象に残っている。

つまり、そういった「悲劇の文革像」が世界中で定着しつつあったと同時に、先述の歌謡曲、『小芳』のような、文革ノスタルジーのようなものも許容され始めていた頃、「当時を生きた少年たちにだって痛快な少年時代や青春はあったんだ」と高らかに宣言したのがこの映画だった。それは、文革期に少年だった世代の監督が、いよいよ力を発揮し始めた証しでもあった。

脚本には姜文が名を連ねている上、主人公の名に姜文の幼名が用いられており、さらに主演の夏雨の容貌が姜文と似ていることもあり、姜監督の自伝的要素が強い作品とされているが、原作はあくまで人気作家、王朔の『動物凶猛』で、登場人物も原作に準じている。それでもなお、この映画が自伝的とされる所以は、一つの時代の知られざる顔を描こうとした入魂の表現にこそあるのだろう。ちなみに、ソ連からの専門家が住んだ段祺瑞政府跡や、モスクワ餐庁など、解放後の歴史と縁が深い北京の建物がロケに使われているのも、作品に歴史的背景の具体的なイメージと味わい深さを添えている。

原作者で無頼派作家として人気の高い王朔は、その小説の多くが映画化され、好評を博している。同じく王朔の小説を原作としつつ、少年の心に宿る自由闊達さを描いた映画に張元の『**小さな赤い花**』（原題『看上去很美』二〇〇六年）がある。

『太陽の少年』が描いているのはおもに文革後期の七〇年代が中心だが、『小さな赤い花』の舞台は一九六〇年代の文革前夜だ。

親元を離れて、長期間幼稚園に預けられた方槍槍（チアン、演＝董博文）は、どうしても幼稚園の集団生活に慣れることができずにいた。効率重視で、排便などの生理現象まで規格化させようとする幼稚園の教育はどこか軍隊的で、「よい子」に与えられる花の印も、あくまで先生たちにとって都合のよい子にしか与えられない。独自の反抗や脱走を重ねた方槍槍は、やがて、実は幼稚園を出ても、世界はさして変わらないことに気づき、当惑する。

古建築を用いたセットも園児の服も、趣味の良さを感じるシックなもので、背景で何気なく流れる音楽も洗練されている。管理社会の非人間性ばかりを強調するのではなく、大勢の園児を二四時間世話する先生たちの苦労も垣間見せているのがいい。園長に「幼稚園時代が実は一番良かったと、大きくなると気づくはずよ」と語らしめているのも、抑制が効いている。

中国のかつての幼稚園教育のシビアさについては、私も耳にしたことがある。方槍槍も体験しているように、暗い場所に園児を閉じ込めるお仕置きも広く行われていたようで、友人にもそれがトラウマになり、その後人間関係を築くのに苦労したという人がいる。

もちろん、現在の幼稚園教育は当時とはだいぶ異なるし、年中幼稚園に預けられっぱなし、という状況も、少なくとも都市部では稀だろう。だが、広い校区をもつ学校や武術・体育学校などでは、まだ小学校から寄宿舎生活ということが少なくなく、大学も依然として寮生活が基本だ。つまり集団生活への適応を迫られることは、中国ではまだまだ圧倒的に多い。さらに学歴社会のプレッシャーの下、テストの成績重視の価値観の中で育てられているから、子供たちの息苦しさは、むしろ昔より増しているだろう。この点は原作者の王朔も実感があるようで、『動物凶猛』の中で、「大人になると忘れてしまうような知識をつめこまれる現在の教育より、文革中の自由さの方が良かった」と述べている。

つまり、『太陽の少年』や『小さな赤い花』が描いているのは、イデオロギーや管理の網に覆われた社会の中にぽっかりとエアポケットのように空いた、子供や青少年だけに許される自由空間だ。育った条件は各自異なるだろうが、二〇世紀末から二一世紀初頭にかけて活躍する監督の多くが、この時代に少年時代を過ごしていることは、新世紀の映画の特徴を考える上で、何らかの助けになるかもしれない。

そして、個々の作品に表立って描かれることはないが、同時期の映画を考える上で無視できないのが天安門事件だ。賈樟柯は『群像』二〇〇九年四月号に掲載された藤井省三氏との対談において、天安門事件における挫折を、「民主とは何だろうということをみんなが考えるようになった」きっかけとして挙げ、この事件がきっかけで「独立思考」が広まったと語っている。「一つの運動の挫折を契機として、多くの青年が、何かを表現したいという衝動に駆られていった」というのだ。一九九〇年代以降に活躍した映画監督の背景を考える場合、ぜひ念頭に置いておきたい指摘だといえる。

3——改革開放の「その後」

お正月映画の元祖

『夢の請負人』

日本でも正月は初詣などであちこちが賑わうが、中国でも春節は縁日の市をぶらついたり、親戚をめぐって挨拶したりと、一年の幸を願い、縁起をかつぎながら過ごす時期だ。できれば、楽しい映画でも観て、笑って過ごしたい。そんな需要に応えるべく作られ、結果的に「賀年片」（お正月映画）の社会的ブームの火付け役となったのが、馮小剛監督の名作、**『夢の請負人』**（原題『甲方乙方』一九九七年）だった。「全国の人民に寅年の幸運を祈る」という大きな赤い字幕から始まるこの作品は、内容も人々の幸福の実現がモチーフだ。定職をもたない四人の男女が、「良い夢一日ツアー」というサービスを始める。それは、依頼者の「夢」を何らかの形で実現させる、という、それ自体が夢のような発想に基づいていた。しかも、客が持ち込んでくる「夢」は奇妙なものばかりで、その実現に四人は奔走する。

歴史上の名将軍にあこがれる書店の店員、口の堅い英雄になりたいおしゃべりコック、苦労を味わいたい金持ち。そういったクセの強い人たちの妄想世界のガイドとなり、架空の世界で一つ一つの夢と向き合う四人は、さまざまな夢や希望や「悲願」を抱えた人々に心から温かいまなざしを注ぐ。
作品では、現実と映画セット、都市と農村、スターと普通の人々など、現実社会の様々な「ギャップ」が浮き彫りにされ、人さまざまで尽きることのない「妄想」や「欲望」が巧妙に絡み合う。急激な変化の中にある社会や人間を、ちょっと距離を置いて見る態度は、「胡蝶の夢」を思わせるような、夢と現実の境があいまいなプロットと見事に呼応し、作品に奥行きを生みだしている。

「人民のために奉仕する」精神をもった主人公たちは、夢や独創的なアイディアの持ち主ではあるが、彼らの時代はすでに、それだけでは食べていけない。彼らが向き合うことになった岐路、そして社会の複雑な変化は、中国の多くの文化関係者が、二〇世紀末の中国において直面したものであり、例えば賈樟柯監督の名作、『プラットホーム』でも、同様の境遇にある若者たちの青春像が丹念に描かれている。

改革開放政策が始まってから最初の十数年は、市場経済化が文化界にもたらす影響はまだ限定的で、映画界においても、中央指令型の経済がまだ強い存在感を保っていた。具体的に言うなら、一九八〇年代から九〇年代前半までは、職場の組織、「単位」に属してさえいれば、報酬が十分かどうかは別としても、作品を形にし、世に問うことはできた。責任者が寛容で開明的であったなら、かなり野心的な構想でさえ完成させ、発表できたことは、初期の陳凱歌や張芸謀の映画が物語っている。

だが、九〇年代の中後期からは状況が変わり、アート映画のみならず、国産映画全体が、外国映画の流入や海賊版ＤＶＤの流行、そして人々の映画館離れといった流れの中で、衰退の危機に瀕した。映画だけでなく、文学界全体も活気を失った。印象的なのは、私が当時出会った北京の文学青年たちが、揃って浮かない顔をしていたことだ。文学が盛んに語られる時代は去ってしまった。自分たちの活躍できる時代はもう戻ってこないのではないか、と。

そんな空気の中では、かつて重視された、「人民のために奉仕する」という言葉は、空疎でやや偽善的な、シニカルな響きを持つに至る。改革開放路線の定着とともに、無償で得られるものなど僅かで、夢の実現にも投資や代価が必要と考えられるような時代が到来していたからだ。

でもそんなモノに溢れた飽食の時代だからこそ、人々はお金では解決できそうにない欲望を膨らませ、追い求める。現世では得られない何かを、白昼夢に求め、幸せをむさぼろうとするのだ。

このようにごく普通の庶民の人生の喜怒哀楽をやや斜に構えた視点からユーモラスに描くのに長けた馮小剛は、『夢の請負人』に続き、看板俳優、葛優とタッグを組んで『遥かな想い　チャイニーズ・ドリームin ＵＳＡ』（原題『不見不散』一九九八年）、『ミレニアム・ラブ』（原題『没完没了』一九九九年）などのヒット作を次々と打ち出していく。その結果、良質のお笑い番組が少なかった中国、とくに政治都市ならではのお堅さがまだ根強かった北京のお茶の間に、独特のスタイルの親しみやすいコメディが普及した。軽やかながら、薄っぺらではなく、ときに時勢の鋭い風刺が痛快な傑作たちは、毎年、流行語を生むことによっても、春節気分を盛りたてた。その代表例が『夢の請負人』で、おしゃべりコックに「口の堅い英雄になる」夢を叶えさせるべく「良い夢一日ツアー」のスタッフたちが無理やり繰り返させる一句、「殴り殺されたって言うものか!」だ。

これが「笑い」を誘う言葉として広まったのに、演じ手の李琦の演技力が大きく寄与しているのは言うまでもない。だが、このたわいもない言葉が何ともいえず可笑しく聞こえる理由に、「自由に言えないこと」がたくさんある社会の空気とのシニカルな共振を挙げるのは、あながち的外れではないだろう。そもそもコックが自分のことを「なんでもしゃべってしまうのが悩みだ」と自己紹介した時点で、主役の姚遠(演=葛優)は、「あなたは記者なのか?」と質問を投げかけている。それに何より、「言うな」と強いる検閲の存在には、映画人たち自身が人一倍苦悩しているはずだ。

「言わないこと」によって、爆弾級の皮肉を飛ばし、すべてを語っている『夢の請負人』。さすが、名作と言われるだけのことはある。

時代に乗り遅れた者たち

『孔雀　我が家の風景』『蛋炒飯』

カメラ出身の著名な映画監督に張芸謀がいるが、彼の名を高めた『紅いコーリャン』を始め、陳凱歌監督の『さらば、わが愛／覇王別姫』や姜文の『太陽の少年』、『鬼が来た！』などの大作におけるカメラワークで好評を博し、自らもやがて映画監督としてデビューしたのが顧長衛だ。しかもその第一作、**『孔雀　我が家の風景』**（原題『孔雀』二〇〇五年）は、ベルリン国際映画祭で審査員グランプリを受賞しており、その意味でも『紅いコーリャン』がベルリンで受賞した張芸謀と軌を一にしている。

『夢の請負人』が舞台にしていたのは、改革開放政策がすでに定着し、文革の記憶もだいぶ遠ざかった頃の大都市だったが、この『孔雀』が描いているのは、同政策がまさに始まったばかりの頃の地方の小都市だ。この作品では、社会や価値観が大きく変わっていく中で、必死で生き方を模索する家族の姿が描かれている。

寡黙だが勝気な姉、衛紅（ウェイホン、演＝張静初）は、小さな町で夢を持てない退屈な日々を送っていた。そんなある日、落下傘部隊の将校に恋心を抱き、入隊を志願するが、失敗し、所在ない日々に戻る。

やけっぱちになった彼女が自作の落下傘を広げながら自転車を漕ぐシーンは危うい美しさに満ち、感動的だ。力強く大空に羽ばたきたいが、飛び方を知らない姉のもどかしさが強く伝わってくる。

三人兄妹のうち、脳に障害を持つ兄、衛国（ウェイクオ）だけが、結局は地に足のついた人生を歩む。その障害のため、妹や弟を戸惑わせ、しまいには彼らに死まで願われてしまうが、彼自身は愚直ながらも大事なことは見極める目を持ち、自分の身丈に合った処世術を得る。そして所帯を持ち、個人経営者、「個体戸」として屋台で食べ物を売る。

今でこそ「個体戸」はありふれ、その成功談も珍しくないが、当時はまだ多くの人が職場の組織、「単位」に属してこそまっとうだと信じていた時代で、「個体戸」になるのは、いい意味でも悪い意味でも「単位」不適合者だった。つまり、「単位」を飛び出したり、「単位」から追い出されたりした者たちだ。受刑歴があるなどの理由で「単位」に入れない、または「単位」に戻りづらい者も多かったという。

だが兄の衛国は、そういった「個体戸」の世界に果敢かつ地道にチャレンジすることで、結果的に時代に先駆けた生き方をすることになり、未来への希望も失わずに済む。だからこそ動物園の孔雀を前にした時、「孔雀は冬は羽を開かない」と諦観する弟とは対照的に、「将来は家の庭で孔雀を飼おう」と夢を語ることができるのだ。

実際、改革開放後に一番軸足がぶれなかったのは、この衛国のような「大智如愚（大智は愚のごとし）」タイプの人たちだった。どんなに困窮しても、飲み食いだけは誰もが必要とする。だから、少ない資本で始められる食べ物の屋台は、いつの世も、条件さえ許せば、腕一本で自立できるとても堅実な商売だ。ちなみに堅実さのシンボルとしての「飲食業」は、のちにより集中的な形で陳宇監督の『**蛋炒飯**』（二〇一一年）にも登場する。同作において、主人公の王大衛（演＝黄渤）は、文革から改革開放、そして経済の飛躍的発展と金融危機、といったドラマチックな流れを横目に、「どこも乱れてばかりだ」とぼやきつつ、ただひたすら「卵チャーハン」のマスターに執着する。そんな王大衛を肯定的に描く視線は、経済危機を経た二一世紀の中国で、多くの人の価値観がたどり着いた先と重なる。人々は他人を踏み台にして、我先にと儲けようとする時代の弊害に気づき、等身大のささやかな幸せの貴重さを再認識し始めたのだ。他方でこの映画は、中国で伝統の料理文化が直面した消滅の危機、再評価、商業化といった過程をたどれるという意味で、中華料理の現代史を描いた一作ともなっている。

ふたたび『孔雀』の話に戻ると、敏感で神経質な弟、衛強（ウェイチャン）の惑いに満ちた生き方も、夢と現実のバランスがとりづらかったはずの、当時の若者たちの縮図だといえるだろう。衛強を演じた呂聿来は、朴訥とした感じと繊細さ、頑なさ、危うさ、メンツへのこだわりを併せ持った田舎の青年を巧みに演じ切っており、その個性と演技力は文晏監督が二〇一三

◉『蛋炒飯』(監督：陳宇)

年に発表した『トラップストリート』(原題『水印街』)でも健在だ。『孔雀』において彼は、知的障害をもつ兄の存在を恥じる、家族の闇や影の部分を象徴するような役割を担い、「家族の肖像」に奥行きをもたらしているが、『トラップストリート』でも国家機密を扱う部門に務める女性に恋をしてしまう一途な青年役を演じ、社会の裏側の秘められた部分と日常の世界を結ぶ接点のような危うさを体現している。

興味深いのは、家を飛び出した衛強が歌手の妻と息子を連れて帰郷するシーンで、ちょうど家族がテレビで観ているのが、高倉健、中野良子主演の映画『君よ憤怒の河を渉れ』であることだ。この映画が、改革開放が始まった頃の中国でたいへん大きな反響を得たことは広く知られている。

追われる存在の男を、愛ゆえに危険をも顧みず助けるヒロイン、真由美の存在が大きな共感を得たのは、当時はまだ文革の記憶が生々しかったことと不可分だろう。文革中、家族や親しい友人、恋人がいわれなき迫害を受けた人は多かった。その理不尽さに心情的に抗った経験を、多くの人が真由美の姿に重ねたのに違いない。

それまでの常識や慣習に抗って、自由に、自らの本音に従って生きてもいいんだ。そんな時代の空気の本格的な訪れをテレビを通じて感じつつも、姉も弟も、その青春はその空気に乗り遅れてしまった。文革中は十分な教育を受けられなかったことや、機会や情報の少ない地方都市に住んでいたことも影響したことだろう。残念ながら、二人が愛した音楽や絵画や映画なども、彼らにしばしの夢しかもたらさなかった。

この映画が別の意味で私にとって印象的なのは、ある時代への内省を伴う、商業性に乏しく、一四一分もくすんだ色合いの場面が続くアート映画が、当時、王府井という北京で一、二を争う知名度の繁華街の映画館で上映されたからだ。

二〇〇五年当時は、ハリウッドに対抗せんとばかり、派手な商業映画が次々と作られていた一方で、カフェなどでもさまざまな映画の自主上映会が開かれるようになっていた。また、フランスをはじめとする欧米各国の映画祭が次々と北京で開かれていた。

ちなみに、当時は映画を観るのもちょっとしたスリルがあった。ダフ屋が横行し、関係者に配られた無料チケットを買いとって正価より安く売ったり、反対に、外国人が好むオリジナル音声の外国映画のチケットを、「外国人料金」を設けて高く売りつけたりしていたからだ。正規のチケット売り場の真ん前で売っていても誰も取り締まらないのが、驚きだった。

いざ観客席についても、設備の古さからフィルムが途切れ、暗い中で突然の休憩を余儀なくされることがよくあった。ひどい時はまったく続きが観られなくなり、観客にチケット代が返還されたりした。もっとも、これは今でも小規模な映画祭などでは起こり得ることで、ある時など、会場のパソコンがフリーズしたため、観客の一人だった私のパソコンで急場をしのいだこともある。

そんなこんなで、当時の北京の映画の観賞環境は、ゴチャゴチャながらも活気に満ちていた反面、大勢の人がいても、どこか内輪的な、アットホームなところがあった。今思えば、海賊版DVDの氾濫する中、シネコンなどの最新の設備で観る高価な商業映画と、おもに建設労働者向けの無料の露天上映会、そして各国の映画祭と愛好者だけで観るアングラ的上映会などが混在していた時期で、それゆえに『孔雀』のような採算がとれそうにない映画の「繁華街一等地」での上映も許容されたのだろう。それまでは映画館によって流す映画の顔ぶれはほとんど変わらなかったが、二〇〇二年に各映画館が自由にロードショーチェーンを選べるようになると、少しずつ変化が訪れた。そして、北京の一部の映画館の間には、商業映画だけでなく、わずかながらもアート系映画を流す所が出現し始めていた。だが、もちろんそういった映画が興行的に成功するとは限らない。さすがに『孔雀』はわずかながらも観客が入っていたが、当時平日にアート系映画を観た時、館内に自分や同伴の友人しかいなかったことが何度もあった。

そんな過渡期特有の空気と環境の中で観たからこそ、やり場のない鬱々とした閉塞感に包まれた『孔雀』も、とても瑞々しい印象を私に残したのかもしれない。新しい時代の幕開けの予感と、その中で脈打っていた若者の思いを描いた『孔雀』は、二一世紀初頭の北京の、どこか新しい可能性を秘めた空気と、響き合っていたのだ。

幸いその後、北京でやっと単館上映をする映画館が一つ生まれた。香港系の洗練された造りの映画館で、北京で唯一、中国でも初、ということもあり、映画祭の時や週末などには、チケットが売り切れることも珍しくなくなった。

同種の動きがほとんど広がらなかったのは残念だが、一般の映画館で商業映画やプロパガンダ的映画に混じって、時おり、社会派やアート系の映画が流れる動きは、その後も断続的に続いた。

忘れられた記憶をたどる

『長江哀歌』『四川のうた』『鋼のピアノ』

二〇〇四年前後から、中国は経済の急速な発展に伴って、大規模な開発が容赦なく続く時期に入る。取り壊しと立ち退きを意味する「拆遷」が頻繁に行われ、オリンピック開催が決まった北京でも、万博開催が決まった上海でも、再開発に伴う旧市街区の大々的な整備や破壊が行われた。

そんな空気の中で、映画芸術においても喪失感が頻繁に描かれるようになったのは必然だと言えるかもしれない。『一瞬の夢』(原題『小武』一九九七年)での鮮烈なデビュー以来、『プラットホーム』(原題『站台』二〇〇〇年)、『青の稲妻』(原題『任逍遥』二〇〇二年)など、作家性の強い作品を次々と出していた賈樟柯監督も二〇〇六年、三峡ダムの建設によって水没が危ぶまれる地域を舞台にした『**長江哀歌**』(原題『三峡好人』)を発表している。消えゆく三峡地区の風景を背景に、夫婦や親子の切れそうで切れない縁を描いたこの作品は、住民の利益を踏みにじりながらどんどんと進められる取り壊しの風景が、馴染み親しんだ人間関係に入った亀裂、および関係そのものの喪失と重なって痛々しい。

建造物が宇宙ロケットのように発射されたり、古典劇の登場人物が突然現れたり、といった最初は唐突すぎるように見えるシュールな演出も、何度か観るうちに、違和感がなくなるのが不思議だ。恐らく現実世界との整合性より、作品の舞台である三峡、奉節という場の受け継いだコンテクストとのつながりが見えてくるからだろう。

喪失の痛みを描く試みは、二〇〇八年に発表された『**四川のうた**』(原題『二十四城記』)でも繰り返される。こちらは、描かれる社会や時代の時間軸がさらに広がった野心作だ。四川省成都の、ある国営軍需工場の半世紀にわたる変遷を描いた本作では、実際の労働者へのインタビューと実力派俳優らの演技が組み合わされ、個々の、しばしばプライベートなエピソードを通じ、背景にある激動の歴史があぶりだされていく。各時代を象徴する歌の挿入が、シーンごとの時代の色あいを強調し、観る者それぞれの記憶も呼び起こす。実はこれは賈樟柯監督が十八番とする手法でもある。

『長江哀歌』が、土地の喪失とともに、身内の縁も切れかけた、宙ぶらりんになった人間を描いているとすれば、『四川のうた』が描いているのは、国営企業などの「単位」という帰属先を失って宙ぶらりんになった人たちの物語だ。作中では、さまざまな証言を通じ、国営の工場や企業から解雇された人々の苦労が丹念に描かれる。彼らの中には工場の移転のため、瀋陽から成都へと強制的に移住させられた者が少なくなかった。幼い娘とはぐれてしまったり、実の親と一七年間会えなかったりしたケースもあった。中国のあちこちで起きたはずなのに、あまり描かれてはこなかった悲劇。それらにきちんと光を当てたという意味で、本作は大きな意義をもっている。計画経済の時代とは、居住や就職、ひいては家族関係までが計画される時代でもあった。

改革開放政策は、二一世紀の初頭に至るまで、国営体質の企業や工場に大きな打撃を与え、採算の取れなくなった「単位」からは、多くの失業者、または失業者同然の人々が生まれた。国営企業で長く養われていた彼らの多くは、再就職が難しい上、個人で商売を始めたとしても、客商売にはなかなか馴染めず、苦労を重ねた。

だが、彼らを「時代に身を捧げながら、やがて時代の犠牲になった気の毒な人々」として捉える視点だけでは、作品が十分に理解できたとはいえない。作中で、秘密保持費として毎月五元もらえたという表現が出てくるが、それは当時はかなりいい金額だった。また、教育や医療などの体制も、工場の敷地内にすべて整っており、ぜいたくさえ言わなければ、基本的なサービスは受けられた。

だから中国では、当時軍需工場に勤められた人々は、「そこそこいい待遇を受けていた」とみなされている。そしてそういった待遇は他の多くの「人民」の犠牲の上に成り立っていた。また、工場の移転や改組、取り壊し、敷地の譲渡に関しては、さまざまな犠牲や駆け引きや意見の対立などのダークな部分があったはずだが、それは作中には「地元との隔絶感」や「現地の子供との喧嘩」ぐらいのレベルでしか出てこない。なぜ現地の大人だけでなく、子供たちまでが工場の子供たちに反感を抱いていたか。それは単なる「よそ者」への反感だけでは片づけられず、土地の接収や生活環境の差などとも関係していたはずだ。

そういった点を詳しくあぶり出せないのは、一帯の再開発を手がけた企業が制作に協力しているがゆえの限界だろう。『四川のうた』が議論を呼んだのは、舞台となった工場跡に建てられたマンション群、つまり映画の原題にも出てくる「二十四城」を建てた某不動産デヴェロッパーが、作品の制作に出資していたからだ。つまり映画は、見方によっては不動産のコマーシャルにもなってしまっていることになる。

だが、そういったインディペンデント性を欠いた側面の怪しさを吹き飛ばすほど、映画の内容からは重要な歴史や時代の空気を掘り起こそうとする誠実な意図を感じる。実際、中国で行われている大規模な開発において、デヴェロッパーが開発する場所の歴史を正しく把握し、尊重している例は稀だ。そもそも、もし本当に尊重したなら、歴史的文脈を断ちきるような大規模で大胆な開発はできなくなってしまう。だが、中国現代史の重要な一幕を担った工場がマンション開発の候補地に変わる過程では、さまざまな反対もあったはずであること、そしてエンディングが、親に反抗していた娘が「親の苦労に気づく」場面であることを考え合わせると、この映画が多くのデヴェロッパーたちに過去の歴史への理解と尊重を促す役割を担っていることが分かる。それに、企業側が協力したからこそ、作品は広く公開できる形になったのだろう。だからやはり、実在の大企業が関わった、「自由に語るにはあまりに困難なテーマ」を、普遍的なヒューマンドラマの形にまとめ上げた功績は評価されるべきだ。

ちなみに本作はドキュメンタリー風ながら、呂麗萍や陳冲、陳建斌などの、大陸では極めて有名な役者に「演技の素人のインタビュイー」を演じさせるという実験を行っている。ときには不自然さを感じなくもないが、違和感のある環境に放り込まれた人間という意味では、瀋陽から成都に半ば強制移住させられた人々も同じだ。隔絶された移民空間のもつ「異質感」、「かみ合わない」感じと共鳴するキャスティングは、どこか時代とかみ合わない人々を描いた映画のテーマとも呼応している。

最近の中国では、改革開放後の時代しか知らない世代が、計画経済時代の歴史を再構成する動きがある。彼らは、時代との「距離感」ゆえに可能な実験的な試みも行っており、そういった作品の一つが、一九七五年生まれの張猛監督による『**鋼のピアノ**』(原題『鋼的琴』二〇一一年)だ。

主人公の陳桂林(チェン、演＝王千源)は、かつては鋼鉄工場の労働者だったが、現在は仲間と楽団を作り、冠婚葬祭でアコーディオンを弾いている。彼の最近の悩みは妻との離婚によって、娘が自分の元を離れるのではないか、ということ。娘にピアノの才能を感じ、どうしてもその才能を伸ばしてやりたい、と感じるものの、なにせ家にはピアノがない。娘をつなぎとめるため、必死でピアノを手に入れようとする桂林。しまいには、工場で働いていた頃の同僚たちを探し出し、一緒にピアノを作ろうと持ちかける。

かつては「工人（工場労働者）」として、強い誇りをもって働いていた同僚たちだが、ほとんどがその後、工場の経営悪化や閉鎖によって退職を余儀なくされ、今はさまざまな職業について生計を立てている。そんな彼らの以前の生活との大きなギャップと、メンツを捨てきれない哀しさ、また時に犯罪まがいのことも強いられる境遇、といった設定は、真に迫っていて生々しい。さすが、東北の工業都市、瀋陽出身の監督ならではだ。

『四川のうた』が回顧的に描くのはおもに、栄光の時代の工場を回想しつつも、その後の変化を受け入れていった、歴史のプロセスの中にいる人々だが、『鋼のピアノ』が描くのは、圧倒的に「今」を生きている人々だ。それもそのはずで、民営企業の発達していた南方と違い、映画の舞台である東北地方はもともと国営企業の割合が高く、ゆえに退職者たちの失業や社会保障の問題もより深刻だった。

登場人物たちは、たとえ不如意な生活をしていても、心の片隅では未来に希望を抱いている。そんな彼らにとって、ピアノは、誰の心の中にも眠っているであろう夢や理想の象徴であり、それを組み立てて行く過程は、人間らしく生きる勇気の証しでもある。全編を覆っているのは、時にブラックでもあるユーモアだが、それらは、文革以前の時代を「体験した」者の、含蓄に満ちた重々しいユーモアとは異質であり、いかにも今の東北で生きる世代らしい、身軽な生活感を帯びている。とりわけ、取り壊し寸前の工場の煙突を、バンジージャンプの出来る場所として観光開発してしまおう、といった発想は、いかにも過去を突き放して見られる、現役世代ならではのものだ。

監督の属する世代は、親などを通じて、国が仕事を分配した時代の記憶を共有している。だが彼らは、その時代に半生を捧げるまでには至っていない。でもだからこそ、国営化時代の大舞台としての鉄鋼工場が、つい最近まで「確かに存在していた」ものながら、すでに「忘れ去られかけている」ことに、純粋な好奇心を寄せ得るのだ。彼らにとって、「今をどう生きるか」は大問題であるが、その「今」とは、必ずしもかつての「栄光」の後で「零落」した「惨めな」今とは限らない。コソ泥や廃品回収をしてでも、変化めまぐるしい時代をなんとか生き抜きつつ、同時に新たな精神的拠り所も模索せざるを得ない時代、そういった「今の時代」を生きる者ならではの視点が、戯画的ともいえる設定を、理想や夢や人の尊厳といった実にヒューマンなテーマと、嫌みなく共存させている。

映画としては、技術上のぎこちなさや、クストリッツァ的なメリハリの良さを追いすぎていて、観客をやや置き去りにしてしまっている面がある。だが音楽には、ロシアの民謡のみならず、ロシアおよび旧東ドイツのロックなどが続々と挿入されていて、そのセレクトは個性的だ。その賑やかな試みは、まるで風化しかけた建物の記憶を音で呼び覚まそうとするかのようであるが、結果的には、現在の工場跡地が陥っている「記憶喪失」の状態を際立たせている。

ちなみに、主役の陳桂林役を演じ、東京国際映画祭で最優秀男優賞を獲得した王千源は、丁晟監督の『解救吾先生』でも、「道を誤った北方人」の役で、独特の存在感を発揮している。

ドタバタの裏のカタルシス
『クレイジー・ストーン～翡翠狂騒曲～』

国営工場の末路を、より庶民の視線から痛快に描いた映画に、寧浩監督の『**クレイジー・ストーン～翡翠狂騒曲～**』（原題『瘋狂的石頭』二〇〇六年）がある。劉徳華（アンディ・ラウ）が主導する「亜州新星導」プロジェクトの資金援助の下で撮影された作品で、小資本で大ヒットした映画として話題を呼び、若手監督たちに大きな希望をもたらした。

「お宝」である翡翠をめぐるスリリングな攻防で知られる本作は、因果が巧妙に絡み合った飽きさせないストーリー、人物設定の巧みさ、会話やシチュエーションの随所にちりばめられたユーモアなどを顕著な特徴とするため、ドタバタコメディの一種と見られることが多い。だが、作品が描いている社会背景はかなりリアリティのあるものだ。

舞台は北宋からある実在の寺、重慶の羅漢寺の遺構を利用した工芸品工場。毛沢東の時代、都市部の寺院跡などに、国営工場がいくつも建てられたが、ここもそんな工場にルーツをもつのだろう。紅衛兵が猛威をふるった時期を除き、解放後の中国では工芸品は長らく重要な輸出品とされたから、かなり景気のよい時期もあったかもしれない。だが、今は倒産寸前で、馮社長率いる香港の大企業から提示された買収の期限が目前に迫り、従業員の賃金の未払いも八ヵ月続いている。そんな時、解体中の古い工場のトイレ跡から、高価な翡翠が見つかった。工場長の謝はこれを大々的に展示し、売却することで、未払いの賃金を払い、工場の起死回生を図ろうとする。

警備会社への出費を節約するため、警察学校を出た工場の警備長、包世宏（演＝郭涛）の指示の下、工員たちは結束して翡翠の盗難防止に努める。だが、お宝の存在は密かに波紋を呼び、ナンパの資金が欲しい工場長の息子、一攫千金を狙うドジな三人組の泥棒、そして馮社長が雇ったプロの泥棒までが次々と「お宝」を狙う。いずれ工場の敷地でマンション開発をするつもりだった馮社長にとって、翡翠は邪魔な代物だったからだ。そんな三者の関与によって、本物の翡翠と贋物の翡翠が次々とすり替えられていく。本物が最終的に誰の手に渡ったのかを記すのは野暮なので略すが、絶妙なのは、最後に盗人たちが罪の重さの度合いに応じて自業自得の結果に陥ることだ。そして、終始工場を守るために奮闘した包は、最終的に開発側に靡いた工場長の欺瞞を大っぴらに罵倒する。もちろん、従業員が工場長を敵に回すのが、とても危険な行為であることは知っていながら。

それまで律儀に我慢強く任務をまっとうしていた包が豪快に怒りを爆発させる様子を見て、中国にごまんといる、似た境遇の者たちは溜飲が下がる思いをしたことだろう。巨大な資本やそれにたかる輩の裏切りによって、生活や伝統を踏みにじられていく人々の悔しさを代弁しているのだから。

傑作なのは、何度も泥棒が来ては「お宝」を奪っていくのに腹を立てた包が、「来たければ来て、去りたければ去っていく。ここを便所だとでも思っているのか！」と叫ぶところだ。これは、奇しくも、閉鎖寸前の工場自体の境遇、そして当時、中国の多くの都市で顕著だった現象にも当てはまる言葉だといえる。おもに香港や発展した沿岸部から再開発でひと儲けしようとやってくる業者たちは、多くの場合、現地の歴史的文脈や伝統や人々の生活への影響、そして地域の長期的な発展などについて、じっくりと考慮しようとはしない。政府関係者とタッグを組んで開発をし、利益を得たら、その後のことは知らんぷりだ。マンション群や大型ショッピング施設などの、地域の景観や生活スタイルをがらりと変えてしまう建物を建てたとしても、完成後の管理や経営は、往々にしていい加減な管理会社などに任せてしまう。当時はその結果、被害を被った住人やテナントが抗議する、というケースが新聞を賑わわせていた。もちろん、独裁的な政治体制の下で暮らす人々にとっては、そもそも多くの政策や制度が、どこか「勝手にやってきては去って行く」不条理な存在に見えることも、確かだろう。

巨大資本のもたらす圧力に抗いきれなかった工場の末路は、観る者にまでなんともいえない無力感をもたらす。そんな時、さらなる情なさをかき立てるのが、盗人三人組の一人である黒皮が、盗賊の頭にさえ見放され、ひもじさのためにパンを盗むエンディングだ。『レ・ミゼラブル』のパロディ的なドタバタの背後に、そこはかとない悲哀と強烈な風刺がある。やはり、いつの世も運の悪い者は、地べたを這って生きることを強いられるのだ。

ファンのブログの中には、物語の要となるマンホールの確認も含めて、ロケ地を丁寧に記録したものがある。しかも、そのブログ主は、毎月一度、友達と映画を観なおしては笑っている、という。やはり本作に、ただ面白いだけではなく、社会の本質を突いた面や、人をカタルシスに導く要素があるからに違いない。

この映画は、香港の資本家に対する、大陸の人々の複雑な心情が垣間見える作品であるのにも関わらず、劉徳華のプロジェクトがバックアップした関係で、分類上は香港映画とされている。大陸で記録的な大ヒットとなったのとは対照的に、香港では上映する映画館がどんどんと減り、いまいちの興行成績だったということだが、さすがにそれは、止むを得ないことなのかもしれない。

メディアとしての映画

『我が道を語る』

二〇一一年に発表されたオムニバス・ドキュメンタリー、『**我が道を語る**』（原題『語路』）は、二一世紀の中国の最初の一〇年間を知る上で、多くのヒントを与えてくれる作品だといえる。賈樟柯はこの映画において、自身も監督として加わりつつ、陳翠梅、陳涛、陳摯恒などの六人の新進監督に今、中国で活躍する一二人のキーパーソンをテーマとしてそれぞれ割り当て、それぞれ八分間の短編として完成させている。

キーパーソンとして選ばれているのは、不動産業界の問題を鋭く指摘した発言などで知られるデヴェロッパーの潘石屹、盲目のフォーク歌手の周雲蓬、農村のエイズ孤児問題に取り組む慈善活動家の張頴、ネットで野菜を売るビジネスをなんとか軌道に乗せようとしている二八歳の曹非、社会のさまざまな問題を鋭く反映した記事で知られるジャーナリストの王克勤、そして安易な模倣に流れがちな中国で、独自のデザインを生みだし続けるデザイナーの王一揚などだ。このほかにも、環境保護活動家、実業家、芸術家、ロック歌手、崑劇俳優など、多彩な面々が登場する。最初は一人各四分でまとめたネット版が発表されたが、その反響が大きかったために、劇場公開版が制作された。

　中国で若い人々が比較的自由に自分の職を選び、個性や独創性を発揮するチャンスを与えられるようになってから、二〇年余。だが、経済や社会環境などに由来する様々なストレスの中で、多くの若いエネルギーが十分な活躍の場を得られず、委縮し、浪費されている。『我が道を語る』はそんな若い世代に、同時代を生きる者の目線から、「自己実現」のためのヒントを伝えている。

　とはいえ、この映画は巷に溢れている偉人の非凡さを語ったフィルムとは一線を画したものだ。取材の対象はあくまで同時代の空気を吸っている人々で、中には創業に失敗したばかりの二〇代の実業家も含まれている。

　どんな偉業を成し遂げた者でも、無数の選択を前にすると、プレッシャー、自信喪失、迷い、怖れなどの複雑な感情を抱かずにはいられない。だが、彼らはそれらの岐路を前に、最後には毅然と自らの歩む道を選択してきた。

　印象的なのは、彼らの実感がこもった言葉の数々だ。「生まれてくるすべての命は世界を変える運命にある」、「自分にあるのは時間だけ、他には何もない、でも時間は急速に流れ去る」、「本当の夢とは自分の近くにあるもので、遠くにあるものではない」、「他の人がやったことがないことこそ、精力を思い切り注いで頑張れる」。いずれもそこまで気取ったものではなく、時にありふれた言葉でさえあるが、各自の実感や体験に裏打ちされているだけに、力がある。

本作の内容は環境、ジャーナリズム、知的財産、教育などをめぐる多様な問題に及んでおり、「個人」の生き方を起点に、中国の音楽界、芸術界、公益事業界、報道界などのさまざまな「世界」へとつながっている。中国社会の縮図を構成しようとするかのようなその野心は、同じく賈監督が手掛けた映画である、『世界』に通じるものがある。

そして、そういった映画の枠組みそのものをバックアップしているのが、新興の言論空間であるインターネットだ。中国ではインターネットで流れている映画は海賊版であることが多く、映画制作に関わる者にとってそれらは脅威に他ならない。だが『我が道を語る』は、そもそもの単独スポンサーがスコットランドのウィスキーブランドなので、映画でありながら全体がコマーシャルの中に「嵌め込まれて」いる。つまりある意味で、コピーを恐れない、無敵の映画だ。

ロングショットを多く取り入れた大胆なカメラワークで名を馳せ、商業映画とはつねに距離を置いている賈樟柯だが、この『我が道を語る』や、上海万博に合わせて上海ゆかりの人物一八人に記憶を語らせたドキュメンタリー、『海上伝奇』などを観ると、彼には「情報や記録の媒体」としての映画とそれを受け取る観衆との関係に敏感な一面があるように思われてならない。露骨なコマーシャリズムや、プロパガンダ性など、いわゆる作家性の維持には不利と思われる要素でも巧みに自らの映画制作に利用し、その拡散性を最大限利用して、自らが編集した情報または記録を広めているところがある。そうした人の褌で相撲をとるような所は、時に彼の作品にある種のいかがわしさやブレを生じさせているかもしれない。だが、何がなんでも作品を形にし、社会に訴えかけていこうとするしたたかさは、細かいことを抜きにして、ただ彼の映画を観続けたい観衆にとっては、むしろ頼もしい。

検閲とのせめぎ合い

『罪の手ざわり』

賈樟柯監督にそのような頼もしさを感じていただけに、二〇一三年に同監督の『**罪の手ざわり**』（原題『天注定』）が中国で上映禁止になった時は一瞬、耳を疑った。検閲の壁をどうしても越えられなかったのはなぜなのか。実際に作品を観た時、私は考え込まずにはいられなかった。「世界はサインで満ちている」――『罪の手ざわり』は、そんな運命論が聞こえてきそうな一作だ。

主人公は、炭鉱の売却に絡む不正に憤り、関係者を殺してしまう男や、妻には出稼ぎと偽って殺人を行い、拳銃を撃った時の快感を生きがいとする男などだ。縫製工場でまじめに働いていたものの、ある事故から風俗業界に転職し、自分を追い詰めていく若者や、愛人関係にあった男の家族から責められた挙句、風俗マッサージ店で職務範囲外の「サービス」を迫った客を刺し殺す女も登場する。

閉塞感、報われなさ、自暴自棄、構造的な抑圧、感情面での挫折。そういった重々しい何かを感じさせつつも、作品はすべてを救い難く描くのではない。どこか飄飄とした軽さがあるのが、かえっていかにも日常生活の一幕らしく、リアリティがある。さまざまな理由で鬱憤や虚無感が蓄積していった主人公たちが、「切れた」かのように殺人や裏切りや逃避や自殺を犯す過程は、一見やや唐突だ。だが現実においても、罪を犯すのは往々にして、私たちの周囲で同じ空気を吸いながら暮らしている人たちであり、そもそも人は、たとえそれが身近な人であれ、他人の突発的な行為など予測できないものだ。つまりこの作品からは、過度の感情移入を省くことそのものが力強い表現となるという、北野武風の表現の巧みな応用が感じられる。ちなみにオフィス北野は長年、賈樟柯の映画制作をバックアップしてきたことで知られている。

もともとありきたりのBGMの使い方はしない賈樟柯監督だが、この映画では、伝統劇が効果的に使われている。梁山泊に行く決意を固めた男を描いた『水滸伝』のくだり、『玉堂春』の一節にある、妓女蘇三が正妻の悪だくみによって濡れ衣を着せられ、罪を問われるくだりなどは、主人公の境遇や心情とあざといぐらい重なる。

つまりこの映画は、運命には様々なサインがあり、人の人生とシンクロニシティなどの形で巧妙に絡み合っているのだという感覚を喚起する。表現の手法以外でも、他の映画へのオマージュも含め、「示唆」がコラージュ的にはめ込まれている印象を与えるため、英題「A TOUCH OF SIN」の「SIN」は「SIGN」に通じるのでは、と思われてくるほどだ。フォルマリズム的解釈を求めているかのような、作為的な画面構成も、その感を強める。

賈樟柯の映画はクセが強いため、好き嫌いが分かれる。だが、本作が社会や人の運命といった視点と、個人の内面という二つの視点から、目に見えづらいさまざまな抑圧を描きつつ、「限界線を越えてしまった」人々の実相に迫っている点はやはり秀逸だ。

しかし、ここでふたたび気にかかるのは、この作品がどんなタブーに触れたのか、という点だ。確かに「人を殺す」物語だが、それらのシーンは、取り立てて視覚的に血なまぐさい訳ではない。作品はただ単に、中国で実際に起きた四つの事件、つまりニュースの報道という形ですでに広く知られていた事件を、極端な誇張も交えず、淡々と映画化しているだけだ。となると、この上ない皮肉ではあるが、つまり、この作品を観るなということは、現実など見るな、ということなのだろうか。

この映画の上映禁止について、賈樟柯はBBCの二〇一四年五月九日のインタビューに答え、『罪の手ざわり』が一度は検閲を通り、上映許可も得ていたと語っている。だがその後、当局から暴力の描写が社会に悪影響を与えると指摘され、上映が見合わされたのだそうだ。

映画が核心に据えているのが、確かに暴力の本質であって、そこには自殺も含まれることを考えると、当局がその後、センサーの度合いを上げただけなのだと考えることも可能だが、実在の人や企業が関わっているだけに、他の理由がある可能性もぬぐえず、真相は闇の中だ。

賈監督は同インタビューで、当局の措置に理解を示した上で、「青少年の権益を残したまま、実験的な映画を鑑賞できる場も確保するため、中国における『等級制』の導入を提案している」と語っている。またその上で、「社会の発言の空間をより開放的にする」ため、「創作の自由に対する信仰を創作そのものの内部に込め、殻を破った、探求心のある映画によってタブーにチャレンジすべきだ」と述べている。

実は『罪の手ざわり』が発表された前年である二〇一二年の一二月一六日の晩、『黒い雪の年』(原題『本命年』一九九〇年)、『香魂女』(一九九三年)などの代表作で知られる中国映画界の大家、謝飛監督が、「映画の等級制をもって映画の審査に代えることを呼びかける公開書簡」をネット上で発表した。この発表は映画界で大きな反響を呼び、張元や王小帥などの著名監督が次々と支持を表明した。謝飛はその公開書簡の中で、関連する法規の不備や、役人の素質の差によって、映画の審査制度はしばしば、中国の憲法が定める「公民が言論、出版の自由を有する権利」や「文学芸術の創作とその他の文化活動を行う自由」と相矛盾する現象を生んでいるとした。また、「同性愛」や「一部の歴史的事件」はタブーとするなどといった不文律によって、他の芸術のジャンルでは比較的許されている表現が、映画には往々にして許されていないが、法律の前では、文学や芸術は平等であるべきだ、と訴えた。

さらに謝飛監督は、審査に通っても、実際に映画館で上映されるかは別で、二〇一一年に審査に通った七九一の作品のうち、映画館で流れたのは二〇〇にすぎないという事実も指摘している。これには興行的な判断や映画館の上映スケジュールの問題もあるだろう。だが、自国映画の競争力を削ぎ、国内の観衆にとって不平等な結果を招く中国の検閲制度が、とっくに社会、経済、思想、文化的な意義を失っているという監督の指摘は鋭い。

実際には等級制の導入については、二〇〇三年に草案作りが始まっており、チャイナネットの記事において、国家映画事業管理局の呉克副局長は、「わが国の監督に自由に海外の輸入映画と公平な競争をさせること」を目的に、「一六歳」を基本点とするとし、「起草作業はさまざまな圧力に直面するだろうが、必死の覚悟で進めていく」と固い決意を示している。確かに、北京オリンピック前後の数年間は、状況の厳しさは変わらないまでも、検閲をめぐる議論がわりと盛んだった時期で、ある映画祭のティーチ・インでは、ソ連解体後の東欧、ロシアの映画界を念頭に、「問題は自由を求めて抗う必要がなくなった時に、何を表現するかだ」といった問題意識を提示する識者までいた。非公式の映画サロンなどでも、比較的自由な議論が展開され、徐々に言論の自由は保障されていくのでは、という希望を感じさせた。

だが、残念ながらその後、表立った進展は見られないまま、謝飛監督の公開書簡に至り、それも黙殺されたまま、二〇一六年現在に至っては、映画の検閲制度について規定する「映画産業促進法」が成立すると言われている。検閲の基準が透明化するのは良いことかもしれないが、検閲自体が消失し、監督らが真の意味で自らの作品に責任を負えるようになる日はまだまだ遠そうだ。

そのため、中国映画を評価する場合、検閲を通り、実際に上映されたかどうかは、依然としてとても大事な問題だ。私個人は、上映の可否に関わらず、いい映画はいい映画で、ネットでの映画の鑑賞が自由になりつつある昨今の傾向を鑑みれば、一時的には抹殺されても、価値を認める人間がいる限り、いつかは日の目を見るはずだと信じている。だが、映画は時代と対話する生ものでもあり、観客とのインタラクティブな関係を重視するなら、やはり基本的に「観られてなんぼ」だ。だから検閲をクリアするための妥協を、いかに納得できる範囲にとどめるかも、中国の監督に欠かせない力量だといえる。

ただ、暴力や性をめぐる表現などが映画のテーマそのものと密接に関わっている作品の場合、どうしても検閲と妥協できない部分もあるだろう。検閲のボーダーラインは常に時代とともに変わってきたことを考えると、その限界にチャレンジし、ギリギリのところで惜しくもアウトになった『罪の手ざわり』のような映画も、その時ならではの「限界」を示したという意味で、時代を記録・表現したといえるかもしれない。

社会と人が負った「ひずみ」

『山河ノスタルジア』『天上人』

『罪の手ざわり』に続く賈監督の次の作品、**『山河ノスタルジア』**（原題『山河故人』二〇一五年）はさいわい、中国で無事ロードショー上映された。しかもこれまで、賈監督の作品が観られる国内の映画館はたいてい一部に限られていたが、『山河ノスタルジア』は街角の小さな映画館などでも上映されたのだった。

物語は一九九九年と二〇一四年、そして未来である二〇二五年の、三つの時代に分かれて進行する。

山西省の古い町に暮らす涛児（タオ、演＝趙涛）はある日、男友達の梁子（リャンズー、演＝梁景東）と晋生（ジンシェン、演＝張訳）のうち、一人を選ぶよう迫られる。涛児が最終的に選んだのは、経済力があって野心家の晋生だった。別れも告げず町を去る梁子を、涛児は寂しく見送る。

時は下って二〇一四年。晋生と涛児はすでに離婚し、晋生が息子、到楽（ダラー、演＝董子健）を育てていた。やがて肺を患った梁子が妻子を連れて帰郷すると、医療費が払えない梁子に、涛児は金を貸す。涛児の父親が急死したため、涛児は到楽を呼んで葬式に参列する。葬式

◉『山河ノスタルジア』(監督：賈樟柯)

後、涛児は、名残惜しげに息子を鈍行列車で上海まで送る。

一一年後の二〇二五年。オーストラリアで教育を受けた到楽は、同居する父との意思疎通もままならない。中国語は学びつつも、内心は出自を否定。そんな到楽はある日、大きな決断をする。

登場人物たちの人生は、ディテールにおいて、中国で実際に起きた事件や現象と関わっている。つまり本作が時間を追って描いているのは、激変する社会の生々しい叙事詩だ。基調を流れる流行歌は、ペット・ショップ・ボーイズの『ゴー・ウェスト』と別離の情景を歌ったサリー・イップの『珍重』。西洋へのあこがれと、人と人の距離が広がる中国社会の傾向をシンボリックに表した両曲は、映画全体のテーマとよく融合している。

時代の寵児は当然、急速な経済発展の波に乗り、富を築いた晋生だ。だが作品はむしろ、涛児や到楽など、その成功の過程で踏みにじられた者たちを丹念に描く。彼らが体現しているのは、急激な経済発展がもたらした「ひずみ」だ。そして最終的には皮肉にも、晋生自身が最大の「ひずみ」を負っていることが明らかになる。息子の名を「dollar」と同音にしてしまうほど金儲け主義に染まり、無我夢中で富を築くも、反腐敗運動が起こると、息子の留学を足がかりに祖国を捨て、言葉も分からぬ異文化の地で暮らさざるを得なくなったのだから。

いずれにせよ、過去、現在、未来の中国の社会や人々、とくに「取り残されてしまった人々」にきちんと目を向け、常に新境地にも挑みつつ、ここまでリアリティ豊かに時代を記録した作品は、やはり稀だといえるだろう。

一方、やはり金融危機を経た後ならではの映画で、改革開放後に大きな浮き沈みを味わった男を描いた興味深い作品に、寧瀛監督の『**天上人**』(二〇一〇年)がある。

都市(演=田小潔)はかつて、飛ぶ鳥をも落とす勢いの不動産王で、街で彼のことを知らぬ者はいなかった。だが先物買いで大失敗した後は没落の一途をたどり、今はほとんど素寒貧だ。かつて曖昧な関係にあった李子蕾の情けで、なんとか住む場所を得、次のビジネスチャンスをものにしようとしている。だが、彼の今の境遇を知る者たちは、なかなか彼と会おうとしない。一方、子蕾は子蕾で、事業に成功した後、家庭を軽んじるようになった夫の浮気に苦しみ、幸福を感じられずにいた。

滑稽なのは、富豪だった時代のメンツを捨てられず、ウシの真似をするカエルのように虚勢を張る都市の、必死で自分を金持ちのように見せようとする痛ましい努力だ。それは彼をかえってペテン師のように見せているのだが、なぜか憎めず、子蓄の妹、心心の関心まで惹きつけてしまう。

「成功」と「富」の幻想にとりつかれ、踊らされる者と、その狂乱のとばっちりを受ける者たちの、コネ、ビジネス、愛情、友情、恩情の入り混じったクールでユーモラスな関係からは、利害損得だけでドライにつながっているようで実はそうでもない、中国式の人間関係のもつ微妙な体温が感じられて、興味深い。

4——対置される地方と都市

出稼ぎ労働者たちと故郷

『ドリアン・ドリアン』『遠い帰郷』

改革開放によって人々の移動が以前より自由になると、多くの移民と出稼ぎ労働者が生まれた。とりわけ多くの労働者が押し掛けたのが香港だった。陳果監督の『**ドリアン・ドリアン**』(原題『榴蓮飄飄』二〇〇〇年)は、そんな彼らが味わった「自由の甘い果実」を描いた傑作だ。

路地で皿洗いをする少女、阿芬(ファン、演=麦恵芬)は、両親とともに深圳から香港にやってきた。路地は闇の世界と交錯し、さまざまな生業の人々がうごめく空間だ。その通行人には、やはり大陸から訪れ、体を張って金を稼ぐ娼婦、小燕(イェン、演=秦海璐)もいた。そんなある日、同路地でドリアンを凶器にした傷害事件が発生する。

やがてビザが切れた小燕は、東北の実家に帰り、稼いだ金を元手に商売を始めようと試みる。「成功者」として羨望の眼差しを集めつつも、南方での経験はひた隠しにする小燕。そんなある日、小燕のもとに小包が届く。

小燕と阿芬という二人の女性、そして象徴としてのドリアンを軸に、改革開放の時代を迎えた人々の価値観や生き方、香港地区と大陸の関係などが生き生きと描写される。強烈な匂いを放ちながらも、その美味によって多くの人々を魅了するドリアン。陰惨な暴力から甘い幸福まで、様々な可能性を孕んだその果実は、得体の知れない「香港」の象徴でもある。その未知で大きな可能性を前にした時、誰もが怖れと好奇心、そして不気味さと誘惑の狭間で「自由に生きる」醍醐味を味わうのだ。

金あってこそ夢もかなう、という現実を金科玉条として生きていた小燕は、何をしたいのかという夢の中身を置き去りにして突っ走った結果、行きづまる。そんな時、人は往々にして、原点に立ち帰り、自分を見つめ直すという道を選ぶ。一見、行きあたりばったりだが、そこには、世界が大きく広がる時代を前にして戸惑う人々の赤裸々な本音、そして体当たりで道を切り開く痛々しさと潔さがある。

大都会で働く地方出身の女性の奮闘と帰郷をテーマにした映画に、安徽省の阜陽からの出稼ぎ労働者をドキュメンタリータッチで描いた**『遠い帰郷』**(原題『到阜陽六百里』二〇一一年)がある。同じく安徽省出身の出稼ぎ労働者の生活を追った有名なドキュメンタリーに、李紅監督の『鳳凰橋を離れて』(原題『回到鳳凰橋』一九九七年)があるが、こちらが北京を舞台としているのと比べ、『遠い帰郷』の舞台は上海だ。

ごくたまに、上映後、館内で自然と拍手が沸き起こるような映画に出会えることがあるが、『遠い帰郷』もそんな映画だった。その拍手は、明らかに映画が表現しようとしていたテーマへの「共感」が生んだものだった。

安徽省の阜陽出身の女たちは、大都市上海の下層社会で、家政婦や床屋やバーの下働きなどをして必死で生計を立てている。それぞれ野心をもち、勤勉に働いているのだが、生活環境は悪く、大都市上海では、田舎者扱いされ、肩身の狭い思いをすることも多い。親や恋人との確執の末、故郷を飛び出した女性、曹俐（ツァオ・リー）もその一人だ。

深圳で一旗揚げようとして失敗した曹俐は、最初の拠点であった上海に戻り、かつて世話になった同郷の大家から以前と同じ部屋を借りる。ふたたび一からやり直そうと、骨身を惜しまず働く彼女を見て、ある日同郷の友人が「おいしい儲け話」を持ちかける。それは、春節の帰省ラッシュに合わせて同郷者を募り、「白タク」ならぬ「白バス」で彼らを故郷に送り届けよう、というもの。曹俐はその切符の販売を受け持たされる。だがそれは曹俐に、たった六〇〇里（三〇〇キロ）先の近くて遠い故郷、「阜陽」と自分との関係を、改めて見つめ直させることになった。

地方出身者の苦労話といえば、暗くて悲惨なものになりがちだが、本作では登場人物たちのバイタリティ、生き抜くためのさまざまな知恵、弱者同士が互いを支え合う気持ちなどが、作品の世界を人間味溢れた、誰でも入りやすいものにしている。監督は台湾の鄧勇星で、さすが上海の下層社会で一年間かけて記録フィルムを撮影した経験をもつだけあって、スラム街のディテールの描写は極めて豊かだ。

曹俐の友人たちが生活を少しでも豊かにするために発揮する「知恵」は、往々にして法の網をかいくぐったものであり、そこには、フランス映画的な「犯罪の美学」さえ感じられる。だが、彼らがそんな「悪知恵」を発揮せざるを得ないのは、逆に上海のような大都市が、彼らに依存しつつも、彼らの存在を無視した街づくりをしているからでもある。社会から疎外された存在である彼らは、それでも必死に上海から何かを吸い取ろうともがく。だが上海人も上海人で負けてはいない。既得の権利や立場などを生かし、地方出身者らを最大限利用する。その両者の「取っ組み合い」のさまが実に生々しい。

だが、結局のところ、地方出身者の何割かは必ず敗退せざるを得ない。世代交代も絶えず行われている。「ありがとう」という言葉だけ上海語になる大家の様子が象徴しているように、所詮彼らは「外来」の者であり、ゆえにどこか上海に媚びざるをえない存在なのだ。

本作には、先ほどの『ドリアン・ドリアン』と共通する要素が多い。主人公を演じるのが同じ秦海璐なら、主要なモチーフも大都市でうごめく地方出身者の「帰郷」の問題だからだ。『ドリアン・ドリアン』の中の東北と違い、この作品における「阜陽」は、その出身者が語るセリフの中でしか登場しないが、「故郷としての阜陽」の存在は観る者の心に重く響く。若干、「人情モノ」のウェットな要素はあるものの、周到すぎるほど周到に作られた脚本、そして主人公の演技力に導かれ、観ている方はまるで自分も阜陽を知っているかのような気分になるのだ。もちろん、阜陽を自らの故郷と重ね合わせる人も多いことだろう。

アウトローたちの活劇

『無人区』『ミッシング・ガン』『さらば復讐の狼たちよ』『ココシリ』

大都市と地方都市のシビアな関係を描いた映画作品は多いが、そのほとんどは、地方を一つの成熟した、あるいは旧弊化した価値体系をもった社会として描いている。だが、地方を秩序の存在しない周縁、倫理的な価値体系のない世界として描いた作品がある。それがハチャメチャなのにリアルな中国式西部劇、**『無人区』**だ。

『無人区』は、『クレイジー・ストーン』の寧浩監督が手掛けた新たな話題作として早くから注目を集めつつも、なかなか検閲をクリアできず、ファンをやきもきさせた作品だ。最終的に一般公開されたのは完成から四年後の二〇一三年。「幻の名作」の興行収入は、最終的に累計二・三億元に達し、もともとヒット作の多かった寧浩作品の中でも最高額を記録した。

辣腕弁護士の潘肖（演＝徐崢）は、西部の町で、殺人の罪に問われた密猟団のボスの弁護を手掛け、無罪判決を勝ち取る。すぐには支払われない報酬の抵当として高級車を入手し、その車で拠点のある都市へと向かう潘。やがて車は五〇〇キロにわたる無人区に突入するが、そこには、潘を狙う男（演＝黄渤）が待ち構えていた。

◉『無人区』（監督：寧浩）

ストーリーも舞台もいたってシンプルだ。だがそれがかえって、主人公が利欲や復讐心で目がくらんだ者などに翻弄され、次々と危機に直面する過程を、荒唐無稽なほど強調する。

さすが「中国的西部劇」とされるだけあり、作中に登場するガソリン・スタンドの殺気に満ちた怪しさは、まるで『水滸伝』の中で客を食い物にする人肉饅頭店のようだ。店主らは孫二娘よろしく旅人を餌食にするが、絞り上げるのは徹頭徹尾、カネばかり。旅人を十把ひとからげにして自己流のサービスを押しつけ、機を見ては、がめつく金をせびる。

だが、『無人区』の悲劇の真の黒幕は保護動物であるハヤブサだ。高価で闇取引される「お宝」として、人々の間に争いの種をまき、ひいては社会のねじをも狂わせる。誰もがそのやっかいな存在と無縁ではいられない。

社会の風潮をゲーム感覚で表現できるからだろうか。近年の中国では、この作品のように、ごく平凡な人々が、「貴重な何か」を延々と探し求めるというパターンのドタバタコメディが目立つ。先手を切ったのは、陸川監督の『**ミッシング・ガン**』(原題『尋槍』二〇〇二年)だ。弾の三つ入った拳銃を失くした田舎の警察官(演＝姜文)が、人命が失われる前に拳銃を探そうと四苦八苦する物語で、捜索の過程で浮かび上がってくる人間模様が興味深い。もちろん、翡翠というお宝をめぐってドタバタが起きる『クレイジー・ストーン』も同じ部類に入る。ITや株の流行を背景に、劉震雲の小説を映画化した『我叫劉躍進』やタイを舞台にした『ロスト・イン・タイランド』(原題『人再囧途之泰囧』)なども、株式関係の書類やメモリースティックをめぐる争奪戦を繰り広げる。まるで、必死に追い求めるものが「物質的な何か」であることによって、現代人の精神の空虚さを際立たせているかのようだ。

一般的に西部劇は、心情的に肩入れのできる、強いヒーローの存在を売りとする。だが『無人区』の主人公は名声にばかりこだわるインテリで、腕利きの弁護士ではあるが、正義のヒーローと呼ぶにはあまりに弱弱しい。そして、その保身に汲々とする卑小さによって、現代社会の弱肉強食ぶりをむしろ痛々しく体現する。しかも、彼はそもそも密猟者を解き放つことで、悪夢再来のきっかけを作った張本人でもある。

このように書くと、一見、これはかなり「情けない」物語だ。だがよくよく筋書きを吟味すると、実は抑圧されていた庶民のささやかな「腹いせ」の行為が、因果の連鎖の結果、悪人を自滅させていることに気づく。その意味では、本作はかなり痛快で、溜飲が下がる映画なのかもしれない。

この作品に登場する「無人区」は、一見ただ単に中国西北部の辺境地帯をイメージしているかに見える。だが、この映画が描いている辺境は、恐らく「遅れた辺境」と「文明的な中央」という構図の中の辺境ではない。「無人区」のもつ暴力性や無法性は、規模こそ異なれ、場所を問わず、世界のあちこちにあるのではないだろうか。

「中国的西部劇」の仮想空間を描くことで、政治的、社会的な混乱を暗喩するというやり方は、姜文の作品にも見られる。例えば、革命を戯画化した大作、**『さらば復讐の狼たちよ』**（原題『譲子弾飛』二〇一〇年）も、内陸部が舞台で、描かれているのは力と謀略だけを頼りにのし上がろうとする匪賊、つまりアウトローたちの空間だ。

時代は軍閥が割拠していた民国期。四川の山間で待機していた匪賊の張（チャン、演＝姜文）は、官位を金で買ったばかりの県知事の馬邦徳（演＝葛優）の乗った列車を襲撃する。降参した馬邦徳は、張を県知事に仕立てあげ、自らはその参謀を装って任地へ赴く。張は知事としての権力を利用してひと儲けを企む。だがそこには地元の勢力者、黄四郎（演＝周潤発）という壁が立ちはだかっていた。

皮肉なのは、保身のために策をいくつもめぐらせては嘘で自分を固め、最後には「秘密」を抱えたまま命を落とす馬こそが、「せこく」はあっても、もっとも人間味があって、人々の共感を集める存在となっていることだ。馬は、世界を変えることはできないが、世界を混乱の極みから守る安全弁のような存在であり、変転きわまりない世の中を生き抜く庶民の知恵を象徴している。

華やかなお正月映画として話題を集めた本作には、春節を盛り上げるに足る要素が満載だ。いわばアクション、スリル、ユーモア、そしてお色気がたっぷりつまったサービス精神満点の娯楽大作だといえる。だが、典型的なアクション映画と異なり、本作に「英雄」は存在しない。武力と智恵によって勢力を手に入れた者も、ただの「勝者」にすぎない。倫理的境界は次々に踏みにじられ、虚実ないまぜのどたばたの中で、結局は力関係によって世界が決定されていく。それは、世界のあちこちで社会の弱者が向き合わざるを得ない現実そのものでもある。

そのため、痛快だがどうしても後味として虚無感が残る。やはり私たちは心のどこかで正義の裁きを期待しているのだろう。そしてまさにこういった後味こそが、本作のねらいなのかもしれない。

ちなみに、銃が幅を利かせる厳しい環境の中で生きぬかねばならないのは人間だけではない。『ミッシング・ガン』で姜文とコラボし、後に『南京！南京！』を撮る陸川監督は、チベット高原で外来の漢民族の密漁者に狙われるチベットカモシカを描いた『**ココシリ**』（原題『可可西里』二〇〇四年）で話題を集めた。やはり無法地帯と化した辺境でのマッチョなロマンチシズムが感じられる作品だが、カメラワークがたいへんすばらしい。

格差の中の青春

『北京の自転車』『青紅』

地方から夢を抱えて上京する若者たちが多い北京は、青春ドラマがよく似合う。それだけに、北京を舞台にした青春映画も数多くあるが、その中でも抜きんでているのが王小帥監督の『**北京の自転車**』（原題『十七歳的単車』）だ。当局の許可を得ないまま撮影されたことから、国内では上映禁止扱いとなったが、ベルリン国際映画祭では審査員グランプリを獲得している。

ヴィットリオ・デ・シーカの『自転車泥棒』とよく対比される本作だが、戦後のイタリアの貧しい労働者が、自転車を盗まれることで、やっとありついた仕事を失いかけるというシンプルなストーリーの『自転車泥棒』と比べ、半世紀を隔てた二〇〇〇年に完成した『北京の自転車』では、「都市」とその中でうごめく「農村」的世界がより複線的に描かれている。

北京に出稼ぎにきた農村出身の青年、小貴（グィ、演＝崔林）と、北京に住む高校生の小堅（ジエン、演＝李濱）は、ともに一七歳だ。ある日、宅配の仕事をしていた小貴の自転車が盗まれる。

職場を首にならないよう、必死で自転車を探す小貴は、やがて、小堅が乗っている自転車が、自分のものであると気づく。だが小堅にとっても、その自転車はかけがえのない宝物だった。

都市の喧騒と欲望の渦に巻き込まれ、傷つきながらも希望を頼りにたくましく生きていこうとする農村の若者と、めぐまれ、優位にありながらも満たされず、やはり夢に向かってやみくもに突進する都市の若者。主人公二人の共通点は、いずれも自転車に夢を託し、自転車さえあれば、「何か」になれると一途に信じている点だ。最初は体を張って自転車を奪い合った二人だが、次第にお互いを認め合っていく。現実の社会ではなかなか起きそうにないことだが、利害の対立が、むしろ二人を近づけるきっかけになっている点にリアリティがある。こんな時、大人ならその交流は利害の清算で終始してしまうのだろうが、二人はまだ完全な大人にはなりきれない。だから恐らくは、素直な心のどこかで、互いには似ている所があることに気づいている。

舞台が北京の横町、「胡同（フートン）」であることも、大きな効果を生んでいる。その風景は、北京オリンピックに向けた再開発で景観が激変する前の、とても味わいのあるものであり、風化しかけたような、どっしりとした灰色レンガの風情は、青年たちの、どこかポイントを外したまま暴走している青臭い欲望と鮮やかな対比を成している。

作品にさらなる奥行きをもたらしているのは、様々なディテールが、都市と農村の格差、都市住民と農村出身者の意識のギャップ、両者の間の溝の性質などを巧みに表現していることだ

◉『北京の自転車』（監督：王小帥）

ろう。印象的なのは、主人の家の服をこっそり着て楽しんでいる家政婦（演＝周迅）を、小貴が良家の令嬢だと勘違いするシーンだ。外見の差は人間の印象を大きく変える。だが、着飾る前の人間そのものは、いったいどれほど違うというのか。そんな疑問にとらわれる。

作中では、多弁で理屈の羅列に長けた都会人と、言葉で自分を表したり弁護したりすることの下手な農村出身者の差が、とても対照的だ。家政婦が一言も言葉を発さないことに表れているように、彼らは農村出身であることを隠そうと方言を恥らうことで、よけい無口になっていく。しかし、その無口の前で、都会人の多弁はどこか狡猾に映る。

中国では農村と都市は、別世界といっていいほど異なる。そして両社会の人間がプライベートで交わることは稀だ。かりに出稼ぎに出て、都市で暮らしている農村出身者であっても、実際の生活条件は都市の住民とはずいぶん異なり、むしろ至近距離にいることで、その差は際立って見える。

こういった都市と農村の格差は、改善されつつあるとはいえ、まだまだ歴然としてあり、中国の他の多くの映画監督もその作品の中で描いている。そんな中、王監督はやがて、沿岸部の大都市と内陸部の農村地帯との格差を描き始める。

内陸の町を舞台にした**『青紅』**（二〇〇五年）は、生後二カ月からの一三年間を貴州省で過ごしている王監督の自伝的要素も強いため、その後発表された『我11』、『闖入者』と並んで「自伝三部作」と呼ばれている。とくに『青紅』と『闖入者』を合わせて観ると、内陸部と沿岸部の微妙な関係がよく伝わってくる。

『青紅』の物語は一九八〇年代の貴陽で展開される。

一九歳の青紅（演＝高円円）の一家は、一九六四年から始まった国の「三線建設」政策に呼応し、内陸部の発展のために上海から貴陽に移り住んだ移民だ。だが八〇年代になって勤め先の工場の経営が悪化すると、貧しい村で一生を終えたくない両親は、上海への帰還を夢見る。最大の望みは、青紅が上海の大学に合格することだ。だが、現地出身の恋人小根（演＝李濱）との交際を禁止し、娘を机に縛りつけようとする父親に、青紅は反発ばかり覚える。

英語のタイトルは「Shanghai Dreams」だが、これは未来ではなく、過去のルーツに向けた夢だ。「住めば都」という諺もあり、青紅の両親がなぜそこまで上海にこだわるのか、日本で育った人には理解し難いだろう。それは、貴陽で育った一九歳の青紅にとっても同じだ。

だが、特殊な時代背景によって戸籍の所在地に「縛りつけられて」しまった両親にとっては、脱出は悲願そのものなのだ。それは、父親の考えに縛られれば縛られるほど反発したくなる青紅の心理状態と入れ子型を成している。一方で、両親のもつ上海人としての誇りや故郷への想いが青紅の心にも微妙な影響を及ぼし、最終的に青紅と小根との間の心の溝を深め、小根に「被差別感」を植え付けていく過程も生々しい。

王監督ならではの、まるで一つ一つが絵画のような考え抜かれた画面も見応えがある。まるで世界はさまざまな構造から成っている、という点を美しく印象付けようとしているかのようだ。

夢の残影

『最後の夢想家たち』『北京バスターズ』『長大成人』『冬春的日子』『ルアンの歌』『立春』

農村や地方の中小都市にとって、大都市は、出稼ぎの場所であるだけでなく、新たな挑戦の場でもある。『孔雀』で描かれた、文革直後の、多くの若者がまだ目標や夢を叶えるすべを知らず、戸惑っていた時代が過ぎ、一九八〇年代後半を経て九〇年代に入ると、若者たちはより自由に夢や職業を選択できるようになる。

その中には、学業を終えても固定した職場には属さず、音楽家や芸術家、作家などを目指す者たちがいた。その多くは、大都市に集い、北京近郊などでは芸術家村も形成された。ドキュメンタリー作家でその後、舞台監督としても活躍する呉文光による、**『最後の夢想家たち』**（原題『流浪北京』一九九〇年）は、新ドキュメンタリー運動の最初の作品とされ、夢を抱いて北京にやってきたアーティストたちの生活と彼らの本音を、虚飾なく記録している。一九八九年の天安門事件という大きな政治的事件を挟んだその時代、職を求めてたくさんの労働者たちが大都市に流れ込んできた。彼らは「盲流」と呼ばれ、その中には、芸術に人生を捧げることを夢見る芸術家や作家の卵たちが大勢いた。彼らの一部はやがて海外にも飛び出していった。中国の実験演劇の先駆者とされ、登場人物の五人のうち、唯一国外に出なかった牟森が作品の最後で語る言葉が印象的だ。「僕の友達たち、六〇年代生まれの者たちは……世紀末から新世紀の初め、もっとも優秀なメンバーになっているだろう。そしてその後の一〇年間は彼らの時代になると、固く信じている」。この言葉は、少なくとも映画界に関しては予言的だった。二〇世紀末から二一世紀の最初の一〇年にかけて佳作を残した第六世代と呼ばれる監督たちには、確かに一九六〇年代生まれが多いからだ。

その三年後の北京の「盲流」たちの様相を、当時は反体制のイメージが強かった著名ロックスター、崔健らを主人公にしてまとめたのが、張元の『**北京バスターズ**』(原題『北京雑種』一九九三年)だ。張元は一九九〇年に自力で中国最初のインディペンデント映画とされる『媽媽』(「母親」の意)を撮影した監督としても知られている。

『北京バスターズ』は当局の許可を得ず撮影し、海外の映画祭に参加したため、作品は上映禁止扱いとなった。この映画でも、恋人の妊娠後、中絶するか否かでもめたり、拠点が再開発で取り壊されたり、借金が踏み倒されたり、仲間や恋人と仲たがいをしたり、リハーサル場が確保できず困ったりしながら、必死で音楽や美術を極めようとする若者たちが登場する。結局、子供ができたり、欧州帰りの新しいバンドがライバルになったりして、先行きが不安なまま迎えるラストには、なんともいえぬリアリティがある。

一九九七年に撮影された路学長監督の『**長大成人**』も、若きロック歌手たちの青春を、より個人の人生や社会環境に踏み込んで物語っている。主人公の周青(演=殷宗傑、朱洪茂)は、やり手だが非情で功利主義の男、紀文(演=李強)に何度も利用され、傷つけられながらも、同じく弱者である幼なじみの小莫や、恩人である朱赫萊(演=田壮壮)などとの縁を大事にして生きていく。

本作からは、強い人間に憧れ、情や仁義を重んじる北京の下町の少年の気質が、生き生きと伝わってくる。文革終結前夜から改革開放後の商業主義の流入といった歴史背景を描きつつ、ミュージシャンの麻薬問題や、マフィアとのつながりなども暴露しているのが大胆だ。主役を決める際、監督はわざわざ「麻薬をやらないミュージシャン」を指名したのだそうだ。その結果、白羽の矢が立ったのが、ギタリストの朱洪茂だった。朱が麻薬中毒に苦しんだ賈宏声の自伝的作品、『昨天』に順興役として出演できたのも、そのクリーンなイメージからだろう。一方、主人公の恩人の朱赫萊を演じているのは、当時、中国の一九五〇年代から六〇年代にかけての政治運動を描いた『青い凧』を撮ったことがきっかけで監督業を禁止されていた田壮壮だ。

『青い凧』もそうだが、ロックミュージシャンを描いた『北京バスターズ』や『長大成人』にも、北京の路地、胡同の風景が登場する。しかも『北京バスターズ』では、歌手の何勇が故郷でもある胡同の変化をシニカルに歌った『鐘鼓楼』が流れる。今でこそ、観光資源として注目されるようになった胡同だが、当時は北京の遅れた面を表す、外国人には見せられない場所とされていた。つまり胡同を背景にした映画を撮り、それを海外に出すことは、それだけで押し付けられた価値観への「反抗」を意味した。二〇〇〇年に公開された名作、『北京の自転車』が検閲を通らなかった理由の一つが、「胡同のシーンが多く、北京の遅れた面を強調している」ためだったという噂も、今なら笑い話だが、当時はとても信憑性があったはずだ。

ところで、ロックの都であった九〇年代の北京は、同時に芸術の都としても活力を増していた。

一九九三年に撮られた王小帥監督の最初の作品、『**冬春的日子**』は、若い芸術家で一対の恋人でもある冬（ドン）と春（チュン）の、自らの才能を信じつつも明日を不安に思う気持ちを描いた傑作だ。冬を演じている劉小東は、『北京バスターズ』でも画家役を演じており、その後実際にも画家として世界的に有名になる。すでに王監督ならではの洗練された画面構成が堪能できるこの作品は、モノクロだが光の使い方が美しい。しかも、まだまだ計画経済的な統制のもとにあった中国の映画界で、自由な表現を目指した作品のスタンスそのものが、無名の芸術家たちの野心やもどかしさと重なっている。印象に残ったのは、渋いジャズに合わせて冬が腕立て伏せをするシーンだ。滑稽にならないぎりぎりのところで踏みとどまっていて、不思議とくさくない。

『最後の夢想家たち』の登場人物たちと同じく、春も渡米を計画し、実現するが、それはマンネリ化し、行き詰まりつつあった恋人関係に終止符を打つためだ。そんな内容と呼応するかのように、実はこの映画自体も、海外の映画祭へと送り出され、イギリスやドイツのテレビ局に買い取られた。ただ、国内での審査を経ないまま映画祭に参加したため、国内での上映は禁止された。

以上の作品は北京が舞台だったが、新天地で夢を追う人々の姿は、その舞台がどこであろうと、つねに人を強く惹きつける。そして、夢を叶える者もいれば、夢破れる者も、夢に傷つけられる者もいる。王小帥の『**ルアンの歌**』(原題『扁担・姑娘』一九九八年)は、何度も夢破れながらも一縷の望みを捨てきれない歌手、阮紅(ルアンホン、演=王彤)のとんがった存在感が余韻を残す。

農村から出てきたばかりで、天秤での荷物運びで地道に稼ごうとしている青年、東子(トンツー、演=施瑜)にとって、阮紅は謎めいた女性だ。美声にも美貌にも恵まれながら、なぜかチャンスに恵まれず、ナイトクラブしか舞台がない。「レコードを出してあげる」という男たちの甘言に何度も騙されてきた阮紅は、「男は信じない」と言いつつも、やくざのボスの女である境遇から逃れることができず、それゆえに、東子の同郷の先輩、高平(ガオピン、演=郭涛)との駆け落ちに希望を託す。高平は本来、やくざのボスとの交渉が目当てで阮紅を誘拐したのだったが、そのまま阮紅に惚れてしまっていた。

結局、やくざの毒牙も法の網も逃れることはできず、二人の夢は破れるが、東子が別れ際、阮紅にテープレコーダーを渡すシーンが感動的だ。レコーダーには彼女の歌をこっそり録音したテープが入っていた。本当に好きで表現したいことがあれば、自分や自分の周りの人たちのために表現すればいい。商業路線になど乗らなくても構わないじゃないか。そんなインディペンデント精神へのオマージュが、心を打つ。

●『ルアンの歌』(監督:王小帥)

実際、この『ルアンの歌』自体も、中国では上映禁止措置になった。そう考えると、これはオマージュというより、むしろ宣戦布告とさえ言えるかもしれない。たとえ検閲を通っても、潤沢な資本のある、商業性の高い映画でなければ、映画館での上映が難しくなっている昨今の中国映画界の現状を考えると、なおさら貴重な原点のように見える。

一方、**『立春』**（二〇〇七年）では、『孔雀』の顧長衛監督がふたたび地方で人生の開花を待つ女性に焦点を当て、その青春の夢の残影をやや残酷な視点から切り取っている。

王彩玲（演＝蔣雯麗）は、容貌こそ平凡だが、すばらしい声を持った小さな町の学校の音楽教師だ。オペラが大好きで、いつも北京で活躍することを夢見ているが、なかなか叶わない。意中の人とも片思いで終わり、すべてに絶望したある日、不治の病にかかっているという少女から、「夢は全国歌手大会での受賞」と告げられる。だがその言葉の裏にはからくりがあった。結局さらなる打撃を受けた王は、やがて身近な世界にささやかな生きる喜びを見つける。

人は「選ばれた人」には喝采を送る。大都市で奮闘している人々にも、ある程度は関心を向けるかもしれない。だが現実には、王彩玲のように才能がありながらも、さまざまな事情から勝負の場そのものに出られなかった人も大勢いる。そして当然ながら、芸術界も芸能界も、そんな彼らの無数の敗れた夢の上に成り立っている。だが、その残酷さに焦点を当てる映画は少ない。どんな世界も、自らが踏みにじっている存在からは目をそむけたがるからだ。

ちなみに主演で、当時は顧監督の妻だった蔣雯麗は、大胆なイメージ・チェンジによって容貌に恵まれない女性をずば抜けた女優魂で演じ、ローマ国際映画祭で最優秀女優賞を獲得した。

道なき道を行くロードムービー

『いつか、また』

だいぶ時代が下ると、今度はロードムービーの形で多難な青春の軌跡を描いた作品、**『いつか、また』**（原題『後会無期』二〇一四年）が登場する。原題は「今後はいつ会えるかわからない」を意味し、その由来は「機会があればまたお会いしましょう」を意味する、中国語の「後会有期」だ。作品は、故郷の田舎と大都市の間、そして夢と現実の間で宙ぶらりんになった若者たちの姿をユーモアを交えて描く。急速に変化する社会にいる彼らにとっては、振り返ろうにも、そこにもう故郷はない。そしてタイトルにも示されているように、彼ら同士のつながりも、一度切れたら今度はいつどうつながるか分からない、はかないものだ。

馬浩漢（演＝馮紹峰）や江河（演＝陳柏霖）らがかつて住んでいたのは、経済発展の波に乗り遅れた上、労働人口の流出によって空洞化した中国最東端の小島、東極島。島の運命と同じく、彼ら自身の人生も、いまひとつ「波に乗り遅れ」ている。そんなある日、彼らは教師の江河を自家用車で新しい任地へと送り届ける、という旅を思い立つ。

苦々しくも夢のある、落とし穴だらけの青春が、広い中国大陸を駆け抜けていく。英雄視していた父親や、思いを寄せた売春婦など、青年たちが信じていた者たちにつぎつぎと裏切られていく過程は痛々しい。だがそれでも、彼らはこけつまろびつ、道なき道を進んでいく。認められたい、自分らしく生きたい、という葛藤や挫折、愛情の萌芽と幻滅、並はずれた自信とその喪失の間で揺れ動きながら。

友人同士でありながら、彼らの生き方は大きく異なる。指定された赴任先に黙々と赴く教員組と、改革開放時代の申し子であるハングリーな出稼ぎ組、そして自由旅行の味を知ったバックパッカー。そうした異なる層の若者間のギャップを、友情を介して鮮やかに描いているのもこの作品の見どころだ。本当は多くの人が、彼らと同じように、社会の中での自分の居場所に迷いながら生きているのかもしれない。

脚本と監督を担当したのは、一九八二年生まれの著名作家、韓寒だ。若手のオピニオン・リーダーとして、かつて大胆かつ率直な発言によって一世を風靡した韓寒が、突然ジャンルの垣根を跳び越えて手掛けた作品が『いつか、また』だった。初監督作にしては、完成度も高く、興行成績は六・三億元に達した。

◉『いつか、また』(監督：韓寒)

　ちなみに、この時期は、同じく若者に人気が高い作家である郭敬明が『小時代3』を公開しており、知名度こそ二人に劣るものの、七五年生まれの中堅作家、権聆も、互いを信じられなくなった中年夫婦の危機を描いた『忘了去懂你』(「あなたのことが分からずにいた」の意)を賈樟柯のプロデュースの下で発表した。映画界に限らず、中国では専門の垣根を越えて別業種に挑む人が多いが、小説家が映画を撮るのが、この時期は一種の流行だったようだ。

　映画『いつか、また』の中にも小説家は登場し、エンディングで、教員の江河は自作の小説のヒットによって、故郷に活気をもたらす。つまり、「お前はこの世界では生きられない」と言われていた者が逆転ホームランをとばすのだ。その背景には、商売でひと山当てようとエネルギッシュに動く、学歴こそ低いが大胆で恐いもの知らずだった創業者たちの活躍した時代から、文化教養や専門が生かされやすくなった時代への変化がある。

いずれにせよ、『いつか、また』は、良くも悪くも、二一世紀の中国映画の特徴を受け継ごうという野心があちこちに感じられる作品だ。賈樟柯映画へのオマージュ的表現があるほか、馮小剛的なウィットに富んだ台詞の応酬も見られる。なかでも印象的なのは、生きたカエルを水から茹でる場面だ。「熱湯だとすぐに飛び出すが、だんだんと熱くなるお湯にはカエルは鈍感で、気づいた時にはすでに茹でガエルになっている」という通説を覆すためだが、熱さに気づき鍋から逃げ出そうとするカエルを、彼らは鍋にフタをして閉じ込める。社会環境をめぐる暗喩に富み、荒削りながらも簡潔で骨太なこのシーンは、いかにもSNS時代の言論をリードした韓寒らしい。

さまざまなチャンスを与えられているように見えて、結局のところ、平等な機会とは縁遠く、ぬるま湯的な社会の中でびくびくと自己を模索せざるを得ない時代を生きる若者たち。本作は、そんな彼らの灰色の青春を活写していて、どこかせつない。

音楽に夢をかける

『我就是我』『百鳥朝鳳』

『北京バスターズ』や『ルアンの歌』で描かれたようなミュージシャンの卵たちは、実力で勝負しようと大都市に乗り込んでも、かつてならコネやバックグラウンドや財力などがないと、なかなか実力を発揮するチャンスには恵まれなかった。だが二一世紀に入ると、基本的な状況は変わらないものの、素人が実力を競う中国版「スター誕生」番組が流行し、女性が対象のものは「超級女声」、男性が対象のものは「快楽男声」と呼ばれた。

范立欣監督の映画、**『我就是我』**（「私は私」の意、二〇一四年）は「快楽男声」の舞台裏を追いつつ、参加者らの喜怒哀楽、人生の背景、生き方、友情を描いたドキュメンタリーだ。

参加者の台詞の多くは、率直で実感に満ちていて、野望に溢れている。さすが、音楽に人生を捧げようという、まっすぐな志をもった人たちだ。だが、彼らは当然ながら、強いプレッシャーの下にもある。そのプレッシャーの中には、彼らの音楽性、音楽家としての度胸を育てる性質のものもあれば、彼らの夢やドラマチックな生き方を「消費」したがるコマーシャリズム、マスメディアがもたらすものもある。もちろん、家族や支持者に報いたい、または彼らに認められたい、といったものもある。

現実の世界でも、かつて「超級女声」が流行り始めた頃、勝負を勝ち抜いて有名になり、プロデビューした個性派歌手の中に、「素人だから、いずれ淘汰される」などの中傷にさらされた者がいた。私も当時、国立の芸術団体に属するプロが、同歌手を「芸術の基礎がちゃんとしていない」と批判しているのを聴いて、驚いた覚えがある。個性派、ビジュアル派、インディーズ系などの歌手がそれぞれちゃんとファン層を獲得している社会では、「いい音楽とは何か」が人によって大きく異なるのは自明のことだが、当時の中国ではまだ「権威筋」が「いい音楽とは何か」を決めつけ、正統的なトレーニングを積んだ者だけを認めようとする傾向があった。映画界も同じで、今でも中国の俳優は、北京電影学院や中央戯劇学院で正統的な教育を受けた者が多数を占めている。

だが、「人気があってなんぼ」とする嗜好の民主化の流れはその後も進んだ。多くの面において、不公平さや不透明さが目立つ社会で、「海選」とよばれる人気投票型、実力勝負型の在野のコンテストに支持が集まるのは、十分理解できることだ。自分の夢を重ね合わせた人も少なくないだろう。

『我就是我』の登場人物たちが、裸一貫で、ただ実力と努力だけを武器に、舞台に立つ姿は爽やかだ。同じ夢を持つ参加者たちは、本番前の合宿生活の中で、ライバル心だけでなく友情も育む。そんな彼らの歌は、技術的には未熟でも、心を動かす力をもっている。

参加者の歌唱シーンの導入の仕方や煽情的なBGMの使い方など、残念な点もある作品だが、貴重なのは、この映画が、ドキュメンタリー作品がもつ限界や矛盾から目をそむけていないことだ。追い求めるべき事実はどこにあるのか、という問題。そして、事実を追い求めるあまり、撮影対象を傷つけてしまう可能性。本作は、その点も臆さずに暴露している。

もちろん、音楽を愛する人々が活躍できる場所は、大都市だけではない。

そもそも広大な中国の農村部では、地方ごとに、豊かな民間文化が受け継がれてきた。だがその多くは現在、文革、グローバリゼーション、文化の西洋化の波、効率重視の傾向、農村文化の崩壊、農村人口の減少などの影響によって、危機的な状態にある。

そんな農村の芸能の現状をよく伝えているのが、二〇一六年五月に公開された『**百鳥朝鳳**』だ。

ある日、一四歳の游天鳴（演＝鄭偉、李岷城）は父親の強い要望により、無双鎮という村で楽隊「焦家班」を率いるチャルメラ吹きの師匠焦三爺（演＝陶沢如）に弟子入りさせられる。最初は気乗りしていなかった天鳴だが、やがてチャルメラの魅力に気づくと、スパルタ式の厳しい練習にも必死で取り組み始める。チャルメラの葬式音楽にはさまざまなランクがあり、その中でも限られた演奏者によって、最高の人徳を持った者の葬式でしか演奏されないのが「百鳥朝鳳」だった。その演奏の技を受け継ごうと固く決意した天鳴は、弟弟子の藍玉とのライバル争いにも勝ち、「焦家班」の座長の座を継承する。だが、社会の風潮は確実に変化しつつあり、その中でチャルメラ音楽の伝統を守り抜くのは決して容易ではなかった。

天鳴の成長を追いつつ、作品は現代において農村の楽隊が置かれている状況や、冠婚葬祭の風習の現代化による楽隊の地位の変化などを、次第に明らかにしていく。かつての農村部では、楽隊は冠婚葬祭の行事を盛り上げる重要な役割を担い、その存在も尊重されていた。だが時は移り、楽隊は多くの困難に直面する。もっとも深刻なのは、十分な収入が得られないことによるメンバーの減少で、游天鳴も「班」の維持と生計の問題の狭間で苦しむ。

だが、楽隊のメンバーが次々と都市に吸収されていく一方で、伝統を記録しようという時代の流れも、都市から押し寄せてくる。ある日、游天鳴らは焦三爺の強い希望もあって、村の音楽を「無形文化遺産」として記録するために西安に向かう。

本作は二〇一四年に亡くなった呉天明監督の遺作だ。呉監督は伝統を守りながら暮らす人々の、信念をもった力強い生きざまを素朴なタッチで描いた作品で知られ、代表作には『古井戸』、『變臉　この櫂に手をそえて』（原題『変臉』一九九六年）などがある。映画監督の育成にも大きく貢献しており、一九八〇年代から九〇年代にかけて、西安の国営映画スタジオ「西安電影制片廠（西安映画製作所）」の責任者として、張芸謀や陳凱歌、田壮壮などの才能を見出し、彼らを世に送り出した。そんな呉監督の気骨ある生き方は、焦三爺のイメージと鮮やかに重なる。

では呉監督が晩年に見た映画界はどんなものだったか。もちろん、見応えのある作品も多数生まれたが、一方で、大きな流れとしては商業映画の市場が拡大した結果、興行収入を必要以上に重視し、その額ばかりを競う傾向が広がった。かつて文芸映画を撮っていた監督が、驚くほど作風の違う商業映画を撮るケースも目立った。虚実織り交ぜたセンセーショナルな話題などをメディアで広め、公衆の注目を集める「炒作」という行為や、二匹目のドジョウを狙っただけの映画が現れ、興行的には成功しているように見えても、実際に観てみるとがっかりする、というケースも増えた。その一方で、いくら健闘しても、興行収入では国産映画はつねにハリウッド映画に押され続けた。

もちろん、商業映画の中にもすばらしい作品はある。衰退が著しかった映画業界に活気が戻ったのもすばらしいことだ。だが、『百鳥朝鳳』の中の、楽隊を去ったメンバーたちのように、「金儲け主義に流れ」、「かつての夢を追わなくなった」一部の映画人たちに、呉監督が懸念を覚えていたであろうことは、関係者らの証言からも容易に想像できる。本作はそんな映画界に向けて鳴らされた警鐘でもあった。

2部
現代中国の諸相

1——社会の暗部をえぐる

医薬業界の腐敗を暴く

『我是植物人』『判我有罪』

日本にも同種の問題がないわけではなく、また実際には良心的な医師や看護師も多いので、こう断定するのは不公平なのだが、現在の中国の医療業界に問題が多いことは、現地で暮らしているとしみじみと感じる。病院で処方される薬の質、診療時の医者の態度、煩瑣な診療・会計システムなどは、患者にしばしば負担や害をもたらしており、医療事故も跡を絶たない。医療訴訟を恐れるあまり、リスクのある治療を避けようとする動きも、悪循環をもたらしている。

一九六六年生まれの王競監督は、そんな現状にメスを入れた、奇特な監督だ。薬品業界の闇に光を当てたその『**我是植物人**』(「私は植物人間」の意、二〇一〇年)は、新しい世代の映画人の勇気と健闘ぶりを存分に示している。

原作と脚本を手掛けた謝暁東によれば、中国では毎年一万種余りの新薬が認可されているというニュースに驚いたことが、このテーマに関心をもつきっかけとなったという。アメリカで薬品の研究開発に携わったことがある謝暁東は、新薬の研究には長い時間と手間がかかることを熟知しており、平均して一二分で一つの新薬が誕生するという中国の状況に、強い違和感を

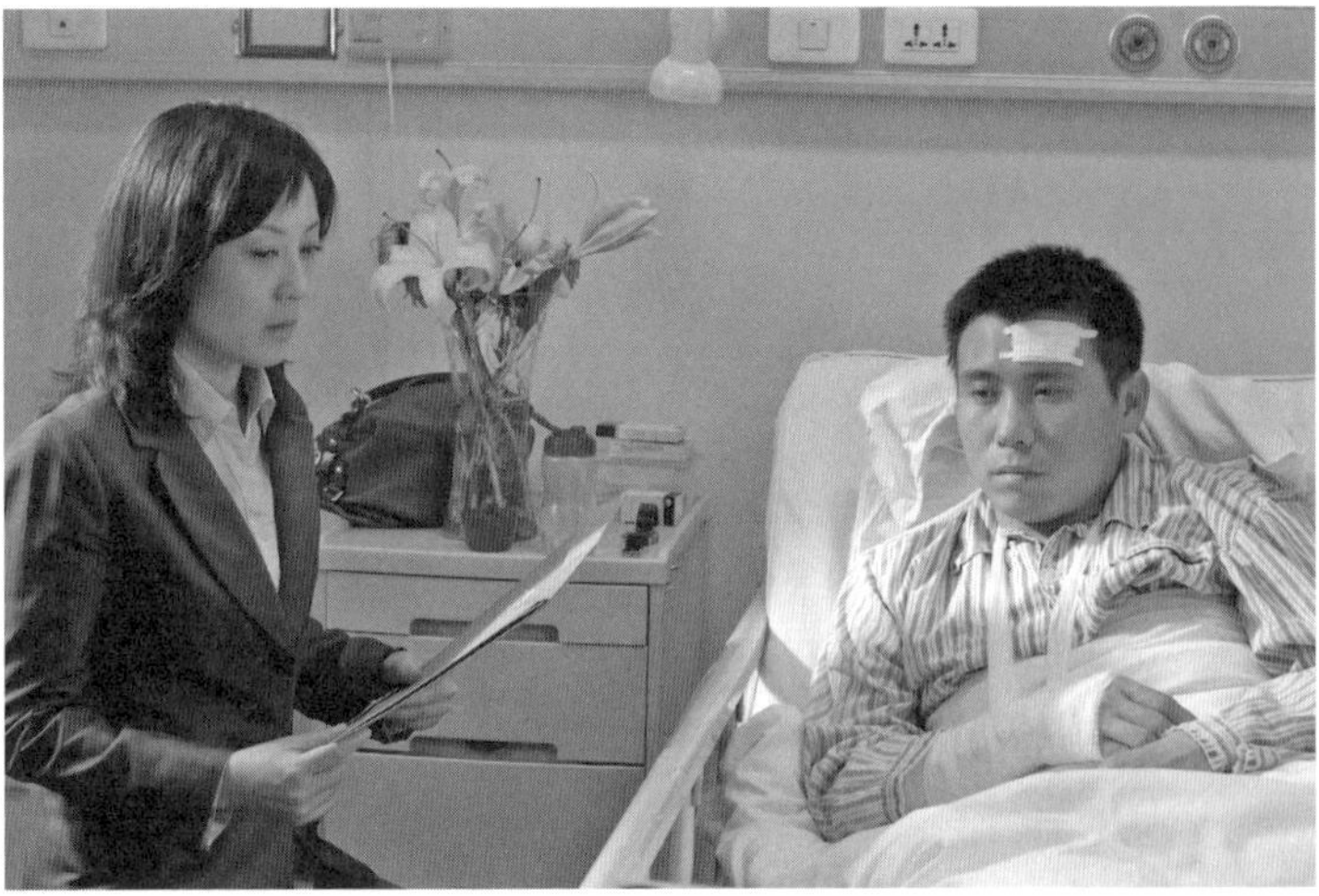

◉『我是植物人』(監督：王競)

覚えた。だが、当時はまだ大きな事故が起きていなかったため、具体的な問題提起には至らなかった。心配が的中し、二〇〇六年から二〇〇七年にかけて元国家食品薬品監督管理局局長の鄭篠萸が職務怠慢と医薬企業からの収賄によって逮捕されるに至って(後に死刑)、やっと作品を形にする決意が固まったという。医薬業界の腐敗に憤る世論が背中を押していたとはいえ、かなりの勇気が必要なことで、この脚本により、謝は二〇一〇年の上海国際映画祭で最優秀脚本賞を受賞している。

本作のストーリーは次のように展開される。ある事故がきっかけで、植物状態になってしまったOLの朱莉(演＝馮波)は、偶然病室を訪れたパパラッチ記者、劉聡(演＝李乃文)のおかげで目を覚ますが、自分の名前を含む一切の記憶を喪失してしまう。劉聡の手助けを得て一からやり直そうとはするものの、無垢な状態の彼女の前に現れた世界は、虚偽と欺瞞に満ちていた。そして、ある医薬品をめぐる事故が朱莉と劉聡の運命を大きく変えていく。

製薬会社が利益のために未許可の薬品を病院に販売し、何人もの被害者が出た事件を扱った本作は、ソフトにだが医療訴訟のはらむ問題、患者に被害が出た際の病院側の対応などにも言及している。ベタなタイトルからは想像できないほど、その切り込み方は深く、ストーリーが展開するに従い、報道メディアの醜悪さ、偽造ライセンスの氾濫など、関連する多くの社会問題も次々と告発されていく。しかも本作は社会派映画としてただ正義を問うているだけではない。都市に流れ込む多くの若者たちが様々なプレッシャーの下で本来の夢や良心を失い、安易な金儲けの道に走っている現実や、そのことがもたらす悪循環に目を向け、「それでいいのか?」と真正面から問いかけている。つまり、医薬業界の堕落は、人間や社会全体の変質とも関わっているというのだ。

この映画が発表された二〇一〇年から二〇一一年にかけて、ちょうど中国の新聞やメディアではしばしば、医療道徳、医師の備えるべき道徳などを指す「医徳」という言葉が取り上げられていた。これは当時、増加傾向にあった医療訴訟や医療をめぐる数々の苦情申し立てを前に、病院や医療従事者の倫理観や被害者への対応能力が、強く問われるようになっていたからだ。

当時、ちょうど私は、医薬品会社の営業関係者の友人から、ある医薬品を病院の棚に並べてもらうたびに、三〇万元程度のコミッションを払っている、という話を耳にしたばかりだった。しかも運の悪いことに、私自身も某病院で医療事故に遭い、理不尽な対応を受けた。そのため、映画の内容はとても身近に感じられた。

当時、「医徳」の問題はテレビドラマや小説でも熱心に取り上げられていた。

まず、皮肉なタイムリーさで大ヒットしたのが、総合病院を舞台にしたドラマ、『医者仁心』だ。こちらは検閲が厳しいテレビドラマだけに、おもに病院、医師寄りの立場から描かれ、彼らの理想的な姿が高く掲げられているが、病院の混雑ぶり、一部の医療関係者の不正や失敗、医療訴訟などにも触れられており、それなりに見応えがある。

一方で小説の方も健闘した。六六が新作『心術』を発表し、ゴシップやある程度のデータ、ネット上の書き込みなどを挟みながら、病院が抱える問題、患者と病院の関係などをかなり多方面にわたって描き出したのだ。治療費の八割が都市に集中しているともいわれる農村と都市の医療格差、「医徳」面での中国と海外のギャップ、払った金額に見合う「完璧な医療」を病院に求める患者の態度、医療保険を享受できる人々と自費で払う人々の境遇の差、「医師は教師以下、看護師は家政婦以下」といわれる医療従事者の基本給の低さなどの深刻な問題が告発されたこの小説は、全体としては医療従事者側の立場からの内容が目立つとはいえ、医者と患者の間の情報量の差や意思疎通の問題も比較的客観的に取り上げており、困難な道を進む中国の医療の現状を知る上で、たいへん参考になる。

話を元に戻すと、これらの作品と同時期に生まれた『我是植物人』は、「社会は改善されうる」という希望を観る者の心に呼び起こすという意味で、実に感動的な映画だった。特筆すべきは、派手な商業的要素に乏しいゆえ、あっさりと上映を打ち切る映画館が多かった中、多くのネチズンが「もっと上映の機会を増やすべきだ」と声を上げたことだ。その結果、一部の映画館では、小資本の社会派映画としては異例のロングランになった。

医療業界の闇を描いた映画には、この他に、一三ヵ月にわたる検閲期間をくぐり抜け、二〇一六年に公開された**『判我有罪』**がある。実際の事件を下敷きに、製薬業者と医師の癒着を告発した大胆な作品で、「私を有罪判決にして」というタイトルは、良心に目覚めた主人公の医師の内心の叫びを表している。監督の孫亮は、本作を長編第一作とするだけあって、映画自体には、物語を完全に語り切れていないという不足があるものの、映像は美しく、印象に残るシーンもいくつかある。その一つが、病院の屋上から、主人公の医師が、病院の中庭を移動する大勢の患者たちを見下ろしながら語る、象徴的なシーンだ。つねに大勢の患者を診なければならず、その個々の命の価値を尊重する感覚が麻痺してしまった医師は、やがて「病気は利益」という言葉に毒され、患者一人一人が金銭的利益をもたらす存在にしか見えなくなる。さらにエスカレートすれば、そのうちの一人、二人が消えても、心が動かない、という麻痺状態に陥ってしまうというのだ。

「個々の人間への想像力と尊重の欠如」は、国籍や業界を問わず、現代の無差別犯罪の多くに共通するものだろう。ただやはり、人々の病を治し、命を助ける医師という職業がもつ、神聖不可侵なイメージとの落差は、インパクトが大きい。

人身売買がもたらす悲劇の連鎖

『小蛾の行方』『盲山』『最愛の子』

二一世紀の中国で、よく取り上げられるようになったもう一つの社会問題が、児童の誘拐や人身売買だ。農村部での跡継ぎや嫁探しの難しさ、臓器の売買、物乞いによる金儲けなど、その動機はさまざまだ。近年、主要な空港や駅は身分証明書がないと利用できなくなっているとはいえ、中国は国土が広い。だから、ひとたび子供が連れ去られれば、ふたたび探し出すのは至難の業となる。

彭韜監督の『**小蛾の行方**』（原題『血蟬』二〇〇七年）は、そのようにして売買されたり、誘拐されたりした児童を、児童に寄りそった視点から描いた作品だ。国内では上映が禁止されたものの、その家庭用ビデオのような映像の粗さと、素人を起用したがゆえの演技の不器用さが、かえってまるで完全なドキュメンタリーであるかのような、強いインパクトを生んでいる。

夫婦の駱江と桂花は、飲んだくれで博打打ちの男から、一〇〇〇元で一一歳の少女、小蛾子を買い取る。小蛾子は正式には狼毒瘡、地元では血蟬と呼ばれている難病のため、足はあっても歩くことができない。夫婦は小蛾子を病院に連れて行くが、金がないことを理由に、医者が「今なら間に合う」と勧める治療を受けさせず、駱江に至っては、医者が無料で処方した漢方薬さえ飲ませようとしない。なぜなら二人は小蛾子の病気をエサにして、人々の憐みを誘い、その施しで儲けようとしていたからだった。

小蛾子の運命はもちろん過酷だが、夫婦の方も楽ではない。物乞いにも縄張りがあり、顔役への挨拶やみかじめ料が必要だからだ。そんな縁で知り合った同業者、老楊と、駱江は親しくなる。老楊は片腕のない少年、楊小春を使って稼いでいた。ある日、同じ部屋に泊まることになった楊小春と小蛾子は、こっそり逃亡を図る。

人身売買の世界にもランクがあり、すでにかなり極悪非道に見える駱江さえ、殺人をも厭わぬ臓器の売買人とは距離を置こうとする、というのが興味深い。そして、最も弱く、無辜の者がいなくなった途端、臓器の売買人は、母性愛に目覚めた、仲間内では最も善人に見える桂花へと矛先を転ずる。

この映画が大胆なのは、物乞い業にせよ、臓器売買にせよ、そういった職業の者たちを専門に生みだす村があることを暗示していたり、「公安」の存在を、「関わると面倒な存在」という犯罪者目線から描いていたりする点だ。また、警察の治安維持の力がほとんど機能していない、荒廃した小都市や地域があることも包み隠さずに伝えている。ちょうど映画が発表された年の前後は、小中都市で強引な土地収用や出稼ぎ労働者への工賃の未払いなどによる集団暴力事件や、児童や障害者を奴隷のようにこき使ったレンガ工場の存在が世間を騒然とさせていた頃だった。私自身も当時、地方の彫刻工場で、児童労働が疑われる光景を目にし、心を痛めた。

『小蛾の行方』のラストでは、小蛾子を助けるつもりだった夫人が、小蛾子の足が治療不可能だと知り、道端に置き去りにする。この結末も十分に残酷だが、映画と同名の白天光の原作を読むと、さらなる悲惨さに息を呑んだ。原作では、小蛾子は最後にレストランで夫人からごちそうを振舞われた後、承知の上で、レストランに置き去りにされる。それは本来、心ある人に孤児院に送ってもらうためだったが、小蛾子は人がいなくなった時を見計らって、三階にあるレストランの窓から飛び降り自殺をするのだ。下の駐車場にある車の数が、自分の歳と同じ一であることを喜びながら。

その後、中国では現実社会においても、親が出稼ぎに出ることで田舎に取り残された「留守児童」たちの集団自殺が大きなセンセーションを呼ぶ。これには、互いに助け合う農村の伝統的な人間関係の消失も影響していると言われ、大人一人一人の責任の重さを思うと、「孤立した児童」の心の傷の深さを、胸に刻まずにはいられない。

農村で売買される人間は必ずしも子供だけではない。嫁不足に悩む辺鄙な山村では、誘拐された女性を買う行為も問題となっている。『小蛾の行方』と同じ年に上映された李楊監督の『**盲山**』(二〇〇七年)では、そんな残酷な現実が、実際の事件を下敷きに、ドキュメンタリータッチで描かれている。

大学卒業後、職探しに焦るあまり、山村での薬草の買い付け仕事の斡旋話に乗ってしまった白雪梅は、そのまま辺鄙な農村に嫁として売られてしまう。抵抗すると密室に入れられ、性奴隷同然の生活を送ることになるが、ある日ついに、自分が勉強を教えた中学生の援助によって救われる。

この映画は、海外版と大幅なカットを経た国内版が大きく異なることで話題を呼んだ。海外版では、逃亡に失敗してふたたび村に連れ戻される雪梅を、警察が見て見ぬふりをしているシーンや、村の他の家で、「まびかれた」女の子が捨てられるシーン、そして誘拐された娘の救出に当たり、警察が費用の支払いを求めるシーンがある。また国内版は最後に父親と警察が白雪梅を救い出すが、海外版のラストでは、村を守るために立ちあがる村人たちを前に、警察は歯が立たない。そこで、白雪梅は機会を逃すと永遠に出られなくなるという焦りと、人生を踏みにじられた恨みのあまり、夫に刃物を向ける。

カットされたこれらのシーンが現実の残酷さを伝える要であることは明白だが、作品がきちんと検閲用に編集されたことにも、意義はあるだろう。こういった問題は一刻も早く多くの関心を集める必要がある。だが、上映が禁止されてしまえば、国外で大きな賞を獲得したり、大手のメディアが取り上げたりしない限り、タイトルさえ世間に知られることはない。

自己資金で映画を撮ったという李楊監督は、その後ネット上に、こんな言葉を残している。「真実の映像を残したかった。そして人々に現実や自分の行動スタイルへの思考を促したかった。なんのお金も稼げなかったけれど、今でも撮る意義と価値はあったと感じている」

実際、この映画は観衆の間に大きなショックをもたらした。ネット上の評論には、「こんなことがあるなんて信じられない」という驚きの声や、「監督の名声のために、中国の醜悪さをでっち上げている」といった、ありがちな陰謀論が数多く登場した。政府に都合のいい書き込みをする「五毛党」の存在を考慮したとしても、中国でも多くの人が映画の暴露する事実を「信じ難い」と感じたことが伝わる。一方で、「テレビでも報道された、本当のことよ」、「私の田舎でも何度も起きている」という実証の声や、「ひどいことに、男性のネチズンには誘拐の肯定派もいる」という憤りの声なども飛び交った。

こういう反応からも推測できるように、原題に見える「盲」の字は、悲惨な事件が「盲点」のように隠れていることを指している。つまり、人々が身近で起きている違法行為に気づいていなかったり、違法行為を完全に違法とは意識していなかったり、違法と知っていても見えないふりをしたりする「盲目さ」を指しているのだ。大学を卒業した女性を主人公に据えているのも、事実に基づいているだけでなく、ある程度教育を受けていることが多い、同映画の観客層をぐっと身近に引きつける効果を生んでいる。

『小蛾の行方』も『盲山』も、誘拐する側、誘拐された被害者本人におもな焦点を当てた映画だったが、二〇一四年秋には家族を誘拐された者の立場に立った作品も話題を呼んだ。陳可辛（ピーター・チャン）監督の『**最愛の子**』（原題『親愛的』）だ。長らくラブロマンスやアクション物で知られてきた陳監督が、前作『アメリカン・ドリーム・イン・チャイナ』に続いて、リアリスティックな題材に挑戦したもので、こちらも実際に起きた児童の誘拐事件が下敷きになっている。

離婚した元夫婦、田文軍（ティエン、演＝黄渤）と魯暁娟（ジュアン、演＝郝蕾）は、ともに息子、田鵬を愛しつつも、互いの間に埋め難い溝を感じていた。そんなある日、息子が何者かに誘拐されてしまう。

魯暁娟は悲嘆に暮れ、田文軍は盲目的なまでに捜索を続ける。どうしても息子のことが諦めきれない二人の姿が痛々しい。さらに残酷なのは、夫婦には誘拐事件を単なる外部からの暴力として片づけ切れない、疾しさがあることだ。とりわけ魯暁娟の胸の内には、彼女を苛んでやまない、「別れ際に息子に冷たくしてしまった」という傷が秘められている。これは、いかにも私たちの日常でも起きそうなことで、背筋が寒くなる。

「離婚」という、モデルとなった実際の事件にはなかった要素も、人間関係がどんな状態にある時に誘拐事件が起こるかによって、事件が親や子供にもたらす心の傷が何倍にも拡大され得

◉『最愛の子』（監督：陳可辛）

るという皮肉な現実を際立たせている。

　前半では、被害者の親たちの苦悩をめぐる迫真の描写が続き、彼らの心の傷から、児童売買の罪深さ、さらには被害者の弱みにつけ込んだ詐欺行為の卑劣さなどが描かれる。だがやがて話の視点は子供を奪った側の李紅琴（ホンチン、演＝趙薇）へと移る。李の「子探し」の熱意や苦労を通じ、李紅琴が加害者であると同時に被害者でもあること、しかも男尊女卑の思想が根強く残る農村の女性であるがゆえに、その被害が多層的だという現実が明らかになる。

　本作が単なる啓発映画と違うのは、比喩や人物描写などを通じ、社会や人間の複雑さが雄弁に語られている点だ。なかでも印象深いのはサルの脳ミソの描写だろう。「賢いサルの脳ミソはおいしい」という、かなりグロテスクな連想を通じ、被害者の父親の「なぜうちの子が？」

というやるせなさと臓器売買の存在が生々しく暗示されている。

いずれにせよ、著名スターを適材適所に用い、複雑な社会問題を誰もが受け入れやすい大衆映画へと紡ぎあげた監督の手腕には、やはり感心せざるを得ない。監督は香港出身でありながら大陸の社会問題を扱うことに、大きなプレッシャーを感じたというが、それだけに、人々の生活や文化などのディテールの表現には注意が払われている。とりわけ簡易宿泊施設や建設労働者の生活環境をめぐるリアリティあるカットは印象的だ。

映画の末尾で電話番号入りの尋ね人の広告を広げているのは、映画の登場人物のモデルの一人だという。現在も子探しを続けている現実の被害者と映画の虚構の世界、そして映画館の観客が電話番号を通じてつながりあう斬新な構造は、テーマの身近さを迫力豊かに観る者の心に刻む。

法の公正さを問う

『再生の朝に　ある裁判官の選択』『全民目撃』『十二公民』

大陸の映画監督が苦労すると言われているテーマの一つに、警察・司法関係がある。両者をめぐる問題意識を反映した作品を撮るとなると、ハードルはさらに高い。人権侵害や法の適用における二重基準、不公平さ、不透明さ、隠匿、そして冤罪などの問題をめぐる国内外の批判が集まっているだけに、扱うべきテーマが多い反面、作品化の難度も高いのか、それらを正面から扱った劇映画に出会うことは稀だ。ドキュメンタリーに関しては趙亮監督の力作、『北京陳情村の人々』(原題『上訪』二〇〇九年)があるが、大陸では作品の存在自体が抹殺されている。この作品では土地や家を含む財産、健康、名誉などを不当に侵害された人々の痛々しい陳情が続く。実は私自身も身内が、とある事情で二〇〇四年から毎月、上訴を繰り返しているため、法廷の密室性、制度上の規定と実際の処理の乖離、法律を司法機関自体が守らないことがもたらす弊害の深刻さなどについては身に沁みて感じている。

大陸の司法制度や警察のイメージは日本とだいぶ異なるため、かりにサスペンスであっても、大陸で国境を越えて深く理解される法廷モノを撮るのは難しい。だが、この難題にチャレンジした作品もない訳ではなく、例えば劉傑監督の『馬背上的法庭』(二〇〇六年)では、馬に乗った裁判官が、交通の不便な山奥の僻地の村々を回り、現地で起きる紛糾を解決する。

再生の朝に　ある裁判官の選択

実話に基づくという同監督の『再生の朝に ある裁判官の選択』(原題『透析』二〇〇九年)も、盗難車に娘を轢き殺された体験を持つ堅物裁判官、田(ティエン、演＝倪大宏)が主人公だ。

田はある日、車二台を盗んだ男の裁判を担当する。映画の舞台となる一九九七年当時はまだ、法律の修正前で、三万元以上のものを盗んだ場合は、高額窃盗として死刑になった。田は法律に従って死刑を宣告するが、執行直前に考えを変える。

事件は、死刑囚からの腎臓の移植を望む地元の有力者李が、関係者を買収していることによって、複雑さを増している。死刑囚が、移植によって支払われる二〇万元に慰めを感じる部分が心を打つ。三万元の線引きで失われる命が、二〇万元で購われるのだから、なんとも皮肉だ。

ちなみにこの作品は、死刑の執行現場をたいへんリアルに描いていることでも話題になった。そのこだわりが、死刑が比較的簡単かつ頻繁に実施されてしまう中国の司法制度に疑問を投げかける本作の意図と呼応していることは間違いない。だがそもそも、「法律に従って裁いていながら、なんともいえぬ違和感、不条理感が残る」本作の状況描写は、死刑に限らず、「現状、実情」と「制度や法規」の食い違いがもたらす害を広く告発しており、とても貴重だ。

もっとも、『再生の朝に』は、検閲こそ通ったものの、中国ではたいへん限られた場所で上映されたのみで、「娯楽映画」主流の市場を前に、社会派の優れた映画が苦戦を強いられる現状が浮き彫りになった。

その一方で、法廷を正面から描いた映画が、ロードショー上映された貴重な例もある。主役に郭富城（アーロン・クオック）を起用した非行監督の『**全民目撃**』（二〇一三年）だ。香港映画のようなきびきびとしたテンポで進む本作は、大陸で見応えのある法廷映画を撮り、しかも興行的にもそれなりの成績を上げるという難題を見事にクリアした。一・八一億元に上ったとされるその売り上げは、同年中国で大々的に公開された、マット・デイモン主演の『エリジウム』の一・六七億元を上回る。

本作において疑惑を集める被告人は、金融界で名を馳せる実業家で富豪の林泰（演＝孫紅雷）を父に持つ、林萌萌（演＝鄧家佳）だ。林萌萌は、数年前に父の愛人で著名な歌手、楊丹を殺害したという容疑をかけられる。林泰はその冤罪を晴らそうと、有能な弁護士、周莉（演＝余男）を雇ってあらゆる手を尽くす。

周莉と公訴人（検察長に相当）の童涛（演＝郭富城）はあくまで自らの正義感に基づいて役割を全うしようとする。特に童は林泰の金融関連の詐欺を二度も起訴し、いずれでも負けているため、林泰が偽証をしていると強く疑っている。果たして林泰は運転手の孫偉に罪を着せようとするが、童の反証によって失敗に終わる。やがて林泰は、自らに罪深く、非情な資本家というイメージを着せてやり過ごそうとする。だが、その裏には別の企みがあった。

サスペンスタッチのストーリー展開は、それだけでも飽きないが、裁判を報道する側の人々の時世を反映した皮肉も興味深い。「井戸に（愛人と娘の）二人が落ちたらどちらを先に救うか」と林泰に質問した記者の映像を前に、政治的な用語を持ちだし、「和諧社会（調和のとれた社会）に反する」と笑ったり、萌萌を見て、「捕まった時は『私の父親は林泰だ』と言ったのではないか」と冗談を言ったりしている。「私の父は××だ」というのは当時、中国で流行した言い回しで、某権力者の息子がその横暴ぶりを指摘された際、自らの特別な身分を強調するために実際に言ったとされている。

正直な話、作中のように、メディアにしつこく追われることで、裁判に緊張感が生まれる、という設定は、大陸ではあまりリアリティがない。だが、冒頭のテレビ局での場面切り替えが巧みな「狂言回し」となっているのは、暗示に富んでいる。テレビ局の報道を、ニュースソースと視聴者を直接スピーディにつなぐSNSの代替物のように描くことによって、現在の中国における、事件と視聴者のつながり方が、違和感なく象徴されているのだ。それは同時に、現実社会において本来テレビ局が果たすべき役割、つまり当局への圧力ともなり得る「自由で批判精神に富んだ報道」の、中国における不在を想起させる。

もちろん、大陸での裁判は香港や西欧とはだいぶ違うため、中国の現状を知る者からすれば「理想」にすぎない演出も少なからずある。だが、その反面、理想論を示すことで、「現実社会における不足」を訴えかけている面があるのも確かだ。透明度の高いメディア報道、裁判の公開度の高さ、事件の科学的で公正な検証……これらは、密室性の高い裁判を行っている実際の中国では、まだまだ実現が徹底していない。本作がある意味で「ハリウッド的」だとされたのは、編集方法だけでなく、そういう開放度や透明度、および「法治」度の高さにも由来するのだろう。ではこれは夢物語に過ぎないのか。ここで脳裏に蘇るのは、林泰の台詞の一つ、「皆が信じれば真実になる」だ。

一方、人民芸術劇院の舞台監督、徐昂が映画監督に初チャレンジした『**十二公民**』(二〇一五年)も、「劇場的」な現実と人を裁く責任を訴えかけた意欲作だ。

本作は、義父殺しを疑われた一八歳のスラム街出身の青年の判決をめぐり、さまざまな職業や経歴の陪審員が議論を繰り広げるアメリカ映画、『十二人の怒れる男』(一九五七年)の翻案だ。オリジナル版は、密室劇ながら、観る者を捉えて離さない巧みなストーリー展開と、人を裁くことの意味への問いかけ、そして社会や人間性への鋭い観察を反映させたディテールが印象に残る。世界のあちこちでリメイクされてきたが、その流れを追うように、中国的要素を加味して制作されたのが、中国版の『十二公民』だった。

本格的な陪審員制度が存在しない国柄ゆえ、中国版は大学の法学部の学生による模擬法廷を補助するものとして、学生の親たちが陪審員を演じる、という設定になっている。

事件をめぐる陪審員らの議論は、米国版とたいして差がない。親たちは出身も考え方や性格もバラバラだ。そもそも陪審員の責任の重ささえ分かっておらず、のっけからいいかげんな議論で討論を終わらせようとする。出身による差別や偏見、自己の趣味や都合の優先、容疑者の人生への無関心などといった陪審員たちの未熟さを通じて、さまざまな社会問題を炙り出している点も同じだ。

だが実は本作は米国版より、過去の歴史や大量の独り語りを盛り込んだロシア版『十二人の怒れる男』に近い。さらには、ロシア版が強調している密室の「劇場性」も強く意識されている。ゆえに、まるで限られた空間ですべてが完結する舞台劇を観ているような印象が残る。これは、監督や演じ手の多くが現代劇で有名な人民芸術劇院の出身者であることとも関係があるのだろう。

そしてその「虚構性」は、作品全体の構造にも及んでいる。そもそも全ての発端が、陪審員を「演じる」というバーチャル性であり、しかもその陪審員が扱っているのも、一見もっともらしい証言はあるが、その実、冤罪の可能性も十分にはらんだ事件だ。その「虚構性」をめぐって、対照的に「リアルな人生を生きる」個々人が、「本音」を吐き出し、犯人の人生を自分の人生のディテールと照らし合わせながら、いつの間にか懸命に思考し、人として大切なことに目覚めていく。その過程のもたらす爽快感と未来への希望が、本作の大きな魅力となっている。

注目すべきは、米国版でヘンリー・フォンダが演じた議論の重要な導き手、八号陪審員（演＝何氷）の身分が本作の最後に露呈することだ。最後に国情を反映したどんでん返しがつくのはロシア版も同じだが、彼と他の陪審員との関係に、中国ならではの「啓蒙者」の絶対的な位置づけを見ることができる。

炭鉱の深い闇

『盲井』『米香』

中国、とくに北方では、石炭はいまだに重要なエネルギー源であり、とりわけ二〇一三年前後までは、炭鉱は巨大な富を生み出す場所だった。中国語で炭鉱主を表す「煤老板」は、成金の象徴であり、その金の力に任せた派手な振る舞いは、さまざまな伝説を生んだ。例えば、北京のモーターショーに現れると、高級車をカーモデルごと一括払いで買い取っていく、などといった、まるで冗談のような風説だ。

だが、彼らの下で働く労働者は過酷な労働条件を強いられることが多く、正規のマスクをつけないままの就労により塵肺を患う者も続出した。また二〇〇〇年代には、次々と起こった炭鉱事故によって、多くの命が失われた。

李楊監督のデビュー作で、ベルリン国際映画祭で芸術貢献賞を受賞した『**盲井**』(二〇〇三年)は、そんな時代を背景にした映画だ。

悪者コンビの宋金明(演=李易祥)と唐朝陽(演=王双宝)は、ある荒稼ぎを繰り返していた。その手口とは、まず職探しに悩む出稼ぎ労働者に「親戚のふりをすれば炭鉱での仕事を紹介する」

と持ちかけ、私設の炭鉱に連れて行く。そして坑内で三人だけになった隙に労働者を殺害し、炭鉱事故を装って証拠を隠滅する。その上で、鉱山主から口封じ料を兼ねた示談金をせしめる、というものだ。だが次のターゲットを元鳳鳴（演＝王宝強）に定めた時、二人の協力体制には、思わぬひびが入る。

法をないがしろにし、事件を隠蔽しようとする炭鉱主の態度が示談金という偽善を生み、その偽善が宋と唐の悪だくみを助長する。だがやがてその「悪」は、さらに良心という「善」とせめぎ合う。本作が興味深いのは、善悪をめぐるそんな入れ子型の多層構造が、地下数百メートルの坑道の中という、人の心の闇を象徴するような世界で展開されることだ。

場面の一つ一つから、たった三万元（約四〇万円）で無かったことにされてしまう鉱夫の命の軽さや、炭鉱の安全問題、政府や警察と炭鉱主の関係など、炭鉱の抱える複雑な問題が浮かび上がってくる。官僚による何百万元もの横領問題を報じるニュースを見て、宋と唐が自分の罪を軽く感じるシーンや、金の万能ぶりを告げる唐の台詞、そして炭鉱主の「中国は他は欠けても人だけは欠けていない」といった横柄な口ぶりなどからも、彼らの問題が社会全体の狂気と連動していることが伝わってくる。

いかにも救いがない話だが、最後だけは少し希望を感じる。人の親としての感情を失っていなかった宋の、良心の目覚めが超法規的にすべてを裁くからだ。だが反面、すべての悪は、炭鉱の穴のように深い闇に葬られてしまう。

原作は老舎文学賞を受賞した劉慶邦の小説『神木』だ。劉慶邦は、炭鉱関係のメディアで働いた後、専業作家になった炭鉱通であり、それだけに炭鉱の描き方にはぞっとするようなリアリティと迫力がある。とりわけ冒頭の、坑夫が坑内に降りていく時のカットは印象的だ。ただし、敏感な問題を扱っているだけに、ロケ地を探すのは大変で、ロケ自体も実に過酷だったという。炭坑内での二〇時間前後にわたるロケの直後、坑内で本物の崩落事故が発生したこともあったらしい。

残念ながら、『盲井』は中国国内では上映禁止扱いとなったが、のちに『イノセントワールド』で全国的に話題を呼ぶ王宝強、同じくその後いくつものドラマや映画で主役を務めることになる李易祥や王双宝のいずれにとっても、圧倒的な演技力を示した本作がその後の活躍を促す実質的かつ重要なデビュー作となったことを思うと、本作が少なくとも国内の映画関係者の間で、相当の影響力を持ったことは、疑いを入れない。

同じく炭鉱事故を金づるとみなすストーリー展開でありながら、主人公がより同情を誘う人物に設定されているのは、王洪飛、白海浜の両監督が手掛けた『**米香**』(二〇〇九年)だ。身体に障害のある息子を抱えた農村の女性、米香(演=陶紅)は、夫に見放されたため、あえて醜い容貌をもつ坑夫と再婚する。ねらいは夫が炭鉱事故に遭うことで、補償金を手に入れ、息子を治療するためだった。最初は事故を心待ちにしていた米香だが、やがて心境が変わり、

◉『米香』(監督:王洪飛、白海浜)

その胸には家族愛のようなものが育ち始める。

日本でも保険金目当ての殺人が時おり話題になるが、現金収入が少なく、必要な治療費さえ支払えない貧しい家庭にとっては、家の働き手が犠牲になる炭鉱事故までが、時には「たなぼた」になる。自らを守れるだけの法律の知識などに欠ける鉱夫の多くは、往々にして保険に入るという意識にも乏しい。毎日が危険に晒されていながら、何かあった時の頼みの綱は「賠償金」だけなのだ。そんな彼らの実態を暴いた本作は、加害者が、広い意味での被害者の一人でもあるという現実を突きつけてくる。良心の鈍化が、絶望的な貧困のためであったなら、我々に犯人を裁く権利はどれだけ残っているだろうか。そんなことを考えさせる一作だ。

ちなみに、本作でも夫役と息子役の二人が、素人ながら迫真の演技を披露している。また、役作りのため、一五日間風呂に入らなかったという陶紅の女優根性にも脱帽せざるを得ない。

2——現代人の孤独

蝕まれる薬物中毒者たち

『昨天』

『昨天』（「昨日」の意）は、二〇〇一年に張楊監督が麻薬中毒に苦しむ友人で俳優の賈宏声を描いた半ドキュメンタリー作品だ。実際に麻薬中毒で苦しんだ経験をもつ賈宏声が治療を終え、社会復帰した時期に撮影したもので、信じ難いことに、実際に賈の回復を支えた存在である劇団出身の実父母も、ずばり両親役で登場している。

若くして多くの映画に出演し、名声を獲得しつつも、俳優として生きることに幻滅した賈宏声は、中毒状態から回復した後も、苦悩の日々を過ごす。強い自負心といくらかの虚栄心、そしてその裏にある、農民出身だという劣等感が胸から離れず、さらには自分の居場所や人生の意義を見つけられない焦りなどにも苛まれながら。その結果、賈はナイフのように友人や家族を傷つけ、しまいには精神病院に送られる。

リアリティ溢れる演技、賈宏声自身の個性と魅力が放つ強いオーラ、その後の彼の自殺を暗示するようなエピソードや台詞が強いインパクトを残す。映画の冒頭にあるインタビューでは、一般の人々の賈宏声へのイメージが語られるが、最後の締めくくりのコメントは「もう死んだんだろう?」だ。あるシーンで、賈は窓辺から飛び立つような動作をするが、現実でも、賈宏声はマンションから飛び降りた。精神病院で親友のガールフレンドが飛び降り自殺をしたことを知るシーンでも、賈宏声は、いかにも何かを悟ったかのような、はっとした表情を浮かべる。そのため、張楊や王小帥といった友人が、「この映画が賈宏声を死に追いやった」という自責の念を表明しているのも、分からなくはない。

構成にも工夫があり、賈宏声が最初は舞台役者をしていたこととも関係してか、ラストが近づくと、すべての過程が舞台の上で演じられたものであると感じられるような仕掛けになっている。完璧さを目指すあまり、「演劇は人や自分をだますものだ」という概念から抜けきれなくなった賈宏声に、あえて迫真の舞台を演じさせることで、一つの突破口を与えようとするかのように。

『昨天』の撮影は賈宏声に自分の過去と決別させ、新たなスタートを促そうという友人たちの友情に発したものだった。だが現実は残酷で、『昨天』への出演によって、賈はむしろ「薬物中毒経験者」のレッテルをより鮮明に貼られ、同様の役柄の依頼ばかりが来るようになる。最終的に舞台俳優に復帰した後は、出演の依頼も少なくはなかったようだが、周囲のいかなる援助や配慮も最終的に賈宏声を救うことはできず、二〇一〇年夏に、賈は四三歳にしてこの世を去った。

死後、多くのメディアが思い出したように報道をする。大方の見方は、「早すぎる成功、自負心の強さ」がかえって彼を苦しめたと判断しているが、私はやはり、どんな分析も、『昨天』の表現以上の深みに達せられるとは思えない。彼個人の内面を単純化しきらず、そのまま晒しているからだ。彼は自らの神話を自ら語り、神話を裏切らないまま、それを全うしてしまった。

薬物使用をめぐる話題が増えたのも、二〇世紀末以降の中国映画界の特色だろう。恐らく、表に出ているのは氷山の一角にすぎない。市場経済の過熱は、何億という興業成績とともに、負の商品ももたらした。薬物の使用によって逮捕される映画関係者も増え、『長大成人』でヒロイン役を務めた朱潔のように、命を落とした例もある。先日、ある著名俳優がテレビ番組でわざわざ「僕は薬物はやらないよ」と冗談まじりに表明していたが、それも現実の世界では使用が広まっていることとの裏返しだろう。

好奇心や流行を追う心理とともに、価格の高い薬物に手を出せるのは相応する経済的な実力がある証し、というメンツ重視の歪んだ需要も、薬物乱用の大きな動機となっていると聞く。憧れのスターが常用者であることに影響され、軽い気持ちで薬物を始める若者も少なくないという。

もちろん、薬物に依存する人の動機はさまざまのはずだが、関連する事件や話題が跡を絶たず、薬物中毒者の裾野が広がることで、HIVの拡散なども生んでいる今、薬物がいかに人の一生を変えるかを赤裸々に伝える『昨天』のような作品は、もっと注目されていいだろう。ちなみに、現状をさらに「救いなく」描いているため、大陸ではより徹底的に公開が禁止されているが、『北京陳情村の人々』の趙亮も北京の麻薬中毒者らを追ったドキュメンタリー、『紙飛行機』（原題『紙飛機』二〇〇一年）を制作している。

サスペンスタッチで迫る人物像

『薄氷の殺人』『風水』『二重生活』『ふたりの人魚』

ベルリン国際映画祭で最高賞の金熊賞と男優賞をダブル受賞した『**薄氷の殺人**』（原題『白日焰火』二〇一四年）は、「きまり悪さ」の哀愁といったものを感じさせる作品だ。

ある日、互いに遠く離れた場所にある石炭の山の中から、梁志軍（リアン・ジージュン、演＝王学兵）のものとみられるバラバラの死体が発見された。警察は容疑者を連行しようとして失敗に終わり、その結果、同僚と容疑者を同時に喪った警官の張自力（ジャン、演＝廖凡）は、仕事への熱意を失ってしまう。ガードマンに転職し、失意の日々を送る張の元にある日、梁の妻、呉志貞（ウー・ジージェン、演＝桂綸鎂）の周囲で、ふたたび殺人事件が起きている、との情報が入る。呉の様子を探りはじめた張は、やがて呉に特別な感情を抱くようになる。

廖凡の真摯な演技は男優賞の名に恥じない。犯罪に立ち向かいつつも、自らも犯罪すれすれ

◉『薄氷の殺人』(監督：刁亦男)

のところにいる元警官の男、いわば追い詰められ、矛盾に満ち、不器用で、ちょっときまり悪い男を、見事に演じている。台湾出身の桂綸鎂が演じる、東北のクリーニング店の店員も存在感がある。クリーニング店という舞台は、犯罪という「汚れ」と関わってしまった呉の、ストイックでエンドレスな「洗う」営みともリンクしている。

監督と脚本は、かつて張楊監督の名作、『スパイシー・ラブスープ』や『こころの湯』で脚本を手掛けた刁亦男(ディアオ・イーナン)で、完成には七年が費やされたという。おもな舞台は、罪も愛も際立たせる氷雪の北国であり、それゆえに暗めの場面が続くが、ただ重苦しいのではなく、ローカル色があり、やや野暮ったかったりもする庶民の美意識が、画面に適度なゆるさとリアリティを添えている。たびたび登場する、焔のような煙も効果的で、社会の不透明さ、心のもやなどを連想させ、題名とも連動していて、含蓄に富む。

世界のあちこちでクライムサスペンスが流行している中で、中国でも同ジャンルの秀作が出てきたことは嬉しい。だが実は、本作の一番の魅力は、クライムでもサスペンスでもなく、人間関係や、人の置かれた境遇、および心情の描写だ。テーマこそバラバラ殺人の真相、というショッキングなものだが、グロテスクさはほとんどない。むしろクライマックスを経た後で心に残るのは、報われない愛に葛藤する主人公のやるせない孤独感だ。その余韻が、圧巻のラストシーンを満たしている。

一方、男女関係のもつれを、より社会環境と密接にからめて力強く描いた作品に、王競監督の『**風水**』(原題『万箭穿心』二〇一二年)がある。本作では、特に大きな事件が起こる訳ではない。だが、物語のすべての悲劇を招いた原因に、どこか不気味で謎めいたものを感じる。

主人公の李宝莉(演＝顔丙燕)は、夢のマイホームを手に入れた途端、夫の浮気、離婚、そして子供の反抗などに悩まされ、どんどん人生が狂っていく。不幸な出来事が続くのは、李自身の心のあり方とも関わりが深いように見えるのだが、その苦難に拍車をかける、中国の古い家族観、とりわけ妻の孤独な立場の描写はリアリティがある。

一見、女性の地位が高くなったように見える中国だが、いくら強気で生きていても、男尊女卑の古い家庭観の中で、妻はしばしば夫本位、息子本位の忍従を求められ、運が悪ければ、しまいには「家族」の外にはじき出されてしまう。『風水』における、そんな妻のあり方や運命は、すべて後述の『二重生活』と共通するモチーフだ。夫と姑の絆が強く、家庭の不幸の発生に姑が深く関わっている、という構図も似通っている。

婁燁（ロウ・イエ）監督の**『二重生活』**（原題『浮城謎事』二〇一二年）も、伴侶とのつながりを失った妻の孤独を描いている。だが、こちらは本物の犯罪が絡んだミステリーだ。

後述の『ふたりの人魚』や『天安門、恋人たち』、『ブラインド・マッサージ』などで知られる婁監督は、実験的で詩的な映像表現によって欧米での評価も高い。もっとも、本作の原作はそんな作風とは対照的で、中国のネット上で話題を呼んだ実録記事、「浮気者の夫とその愛人をいかに懲らしめたか」だ。

永照（ヨンチャオ、演＝秦昊）の糟糠の妻、陸潔（ルー・ジエ、演＝郝蕾）は、夫婦で立ち上げた事業から一歩引き、平穏な専業主婦の生活を送っていた。だがママ友、桑琪（サン・チー、演＝斉溪）と知り合った途端、すべてが激変する。家庭思いに見えた夫永照には、実はもう一つの家庭があり、さらには他の浮気相手までいたのだ。

こうなると、相場としては、後は修羅場だ。だが、永照の浮気相手（演＝常方源）の悲惨な事故死によって、加害者と被害者の相対的な関係は宙に浮いてしまう。刃を秘めた愛情表現、「妻

◉『二重生活』(監督：婁燁)

たち」の意外なほどクールで計算高い応酬、諸所に潜む自虐性は、共感や同情を拒絶する。そして感情、因果、真相のすべてが靄に包まれたまま、物語は進んでいく。

モヤモヤ感をさらに引きたてるのが、明るさを押し殺したような画面だ。予想外の血なまぐささを伴って、パズルのピースは一気につながるが、やはりすっきりしない。それは主人公たちの行動が一見、主体的で謀略に満ちているように見えて、どこか操り人形のようだからだろう。

人間のもつ、無意識ながらも受動的な一面を描いた『二重生活』の世界は独特だ。一つ一つが時にあり得ないほど劇的なエピソードや人間関係は、いくつもの方向に連鎖しつつも、どこか象徴性を帯びている。そして、私たちの現実には意外と、そういった偶然の鎖や、ありふれた価値観では割り切れない不条理が転がっているのでは、と感じさせる。

時間軸の複雑な再構成が持ち味の婁燁だが、初期にはもう少し「語り」の要素が生かされた作品もある。惹かれあう若い男女の運命をサスペンスタッチで描いた中国、ドイツ、日本の合作映画、**『ふたりの人魚』**（原題『蘇州河』二〇〇〇年）だ。

上海の市街地を流れる蘇州河は、彭小蓮監督の『上海紀事』においては国共が最後まで激戦を繰り広げた場所、つまり上海が経た過酷な歴史を象徴する場所の一つとして登場する。だが同じ蘇州河でも、婁燁が描くとまったく異なる表情を見せ、その川面はより私的な時間の奥行きを纏い始める。

物語のナレーション役は、フリーランスでビデオの撮影をしている「私」だ。仕事を通じ、バーで人魚のパフォーマンスをしている美美（メイメイ、演＝周迅）と知り合った「私」は、彼女を通じて、バイク便を生業とする男、馬達（マーダー、演＝賈宏声）の存在を知る。馬達は美美のことを、「昔の自分の恋人、牡丹（ムーダン）にそっくりだ」と語る。牡丹とは、馬達がある事件をきっかけに、深い傷を負わせてしまった女性だった。

街を静かに流れる「川」と切ない愛情物語は、いつの時代も相性がいい。『ふたりの人魚』でも、絶え間なく流れつつ、同時に上海の「変わらなさ」をも象徴している蘇州河が、観る者に「永遠の愛は本当に存在するのか、それとも伝説にすぎないのか」と問いかける。ボルグ・レンバーグのシンボリックな音楽と、カメラを手掛けた王昱の、手ぶれを全面的に生かした、浮遊感のあるカメラワークのコラボも絶妙だ。うらぶれた川辺に人魚が登場するという唐突でバタ臭いファンタジーも、いくばくかの違和感をむしろ楽しみつつ、巧みな画面転換によって自然に作品内、つまり上海独特の空気の中に取り込まれている。

正直なところ、私は婁燁の映画を中国映画、とくに大陸の映画という枠に入れることに多少の迷いがある。舞台こそ中国だが、その美的センスは前衛的なヨーロッパ映画を思わせ、スタッフにも多くの西洋人を起用しているからだ。だが『ふたりの人魚』が証明しているように、昔から国際都市としての文化的包容力を誇ってきた上海には、そういった作風がしっくりと溶け合ってしまう。

『ふたりの人魚』は、四三歳の若さで自殺した俳優、賈宏声の代表作で、バイク便の青年の、ぶっきらぼうだがプライドと純粋さも秘めたイメージを生き生きと演じている。また、周迅も成熟した演技で小悪魔的な踊り子と孤独な女子学生という一人二役を熱演している。

この二人の圧倒的な存在感が、作品を底から力強く支えていることは、明らかだ。また、カメラマンでナレーター役の「私」をあえて一度も画面に出さず、女性の記録を撮るという枠に過去のストーリーや人物を入れ子型にはめていく構成も、とても潔く、効果的だ。これにより、観衆と「私」の視点が自然にリンクし、現実や体験と、虚構や妄想の境がより曖昧になっている。

つながりへの渇望

『ションヤンの酒家』『たまゆらの女』『重慶ブルース』

時代の変化は時に、人間関係をも変えるものだが、中国ではそれがとくに顕著だ。中国共産党を上に戴く「組織」の意向が、個人の結婚や就職までに影響を与え、階級闘争がしばしば親子や友人、知人との関係を断つことを強いた時代が終わり、個人の私的生活の自由度が増すと、人間同士の新たなつながり方が生まれるとともに、伝統的な男女や家族の関係も息を吹き返した。

そんな時、人々は新たな課題に直面する。自分はいかに周囲の人々とつながり、幸せな人間関係を築けばいいのか。

そんな「人のつながり方」への模索を感じる映画には、なぜか重慶が舞台のものが少なくない。手に届きそうで届かず、届きかけた途端に夢から覚める。男女の関係のそんな機微を描いた**『ションヤンの酒家』**(原題『生活秀』二〇〇二年)も舞台は重慶だ。監督の霍建起は、前作、『山の郵便配達』によって、日本でもわりと名が知られるようになった。

主人公の来双揚(演=陶紅)は、旧市街にある吉慶街で小さな屋台と食堂を営んでいる。吉慶街初の個人経営者である双揚は、美人で、やり手で、心根が優しく、まさに街の看板娘だ。だが、今はバツイチで恋人もいない。そんな双揚を見初め、「金持ち」という噂の卓雄洲（演＝陶澤如）が毎日彼女の店に通い詰める。だが双揚は、不甲斐ない兄や薬物中毒の弟、そして疎遠となった父親などとの間で様々な葛藤を抱えていた。疲れ果て、温かい夫婦愛を夢見る双揚。だが最終的に彼女の前につきつけられたのは、人々の価値観の急変が生んだ、新たな男女関係、そして卓雄洲の正体だった。

残酷なことに、孤独に抗って精神的な安息を求めた挙句、失望する双揚にやり直しや新たな出発は示されない。

重慶という街のしっとりとした情緒が余すところなく表現された唯美的な映像は、心のどこかで昔ながらの人情を求めている双揚の心情と呼応しているかのようだ。しかも、双揚を演じている女優、陶紅自身の存在感やオーラも強い。そのため、つい映像美の鑑賞で終始してしまいがちだが、実は本作は、再開発による街の変容や薬物中毒の問題、文革が禍根となった不動産トラブルなど、改革開放後の中国が抱え込んだ深刻な問題にも触れている。

映画の中ではまだ庶民的で味わい深く見える重慶の街並みだが、今はもちろん、当時もすでに、都市の再開発によってそれらは失われ始めていた。そういった消えゆく風景や生活文化の美しさをレンズに収めているという意味でも、『ションヤンの酒家』は貴重な作品だ。

ところで、重慶の街を特徴づける風物といえば、長江の両岸をつなぐロープウェー、「長江索道」も有名だ。その特色ある風景は、『クレイジー・ストーン』や後述の『重慶ブルース』、孫周監督、鞏俐（コン・リー）主演の『**たまゆらの女**』（原題『周漁的火車』二〇〇二年）、そして張一白監督の『好奇害死猫』など、何十本にも上る映画に取り入れられている。

例えば、『クレイジー・ストーン』の冒頭に出てくる「長江索道」は、ナンパ男が運命の女性に出会い、熱心に声をかけるが失敗する場であり、人と人がつながりそうでつながらない場所だ。『たまゆらの女』では、むしろ列車が男女のつながりを象徴するものとして大きな役割を担っているが、「長江索道」も、主人公の周漁（チョウユウ、演＝鞏俐）が、恋人である詩人、陳清（チェンチン、演＝梁家輝）の才能に賭け、彼の詩の朗読会のビラを配る場として登場する。周漁の期待を重荷に感じた陳青が、ロープウェーを下りずに引き返していくシーンは、ぎりぎりの所でつながりを保っている二人が、実は詩的な想像の世界だけで交流し、生活の面ではすれ違っていることを象徴している。

このように見ると、「長江索道」に象徴される重慶は、中国映画において、はかない縁やつながりへの希求を呼び起こす土地といったイメージを帯びているといえるかもしれない。

王小帥監督の『**重慶ブルース**』（原題『日照重慶』二〇一〇年）も、冒頭に「長江索道」の印象的なシーンがある。

本作の主人公は、なんらかの理由で息子と妻の元を離れ、航海に出た林権海（演＝王学圻）だ。ある日林権海は、かつて自分が家庭を営んだ重慶に戻り、息子林波（演＝子義）の死の真相に迫ろうとする。デパートで人質をとって立て籠もった息子は、一枚の写真も残さぬままこの世を去っていた。

林権海は事件の内幕、そして息子のイメージに近づこうと焦る。だが、インターネットやビデオなどの現代的なツールを駆使しても、息子のイメージはぼやけたままだ。結局、その本当の姿を再現してくれたのは、彼と関わった人々の証言だった。

複雑に入り組んだ現代人の感情や社会的、心理的つながりを、すっきりとした対比と構成で伝える王監督の手腕は、本作でも際立っている。

急激に変わりゆく街、重慶の変化は、中国社会全体が海を介して世界へと開かれたことと無縁ではない。だが住民たちはその変化についていけているのだろうか。物語が進むにつれ、「海」にあこがれつつ、海の広さどころか周囲の人々との微妙な距離も把握できずにいる不器用な青年の姿が浮かび上がる。青年は昔の隣人の娘を探し、本当の父親を探し、挙句の果ては異母弟である、実父の息子を連れ去ろうとする。

先ほどの「長江索道」が隔たれた岸をつないでいるように、この作品を貫くテーマも「つながり」だ。自分のルーツを探すことで孤独を癒そうとする青年の痛々しい姿は、地縁関係、そして血縁のある家族からさえ切り離されてしまった一人っ子世代の若者の魂の「浮遊」状態やふれあいへの渇望を象徴している。

『重慶ブルース』の主人公が最後に元妻の一家を見る時、その視線は居場所を失った息子のかつてのまなざしと重なる。ぼやけた写真を指でなぞるはがゆさを経て、ぐっと対象に近づいた父親は、やっと息子探しの旅を終える。そこには、新たな父親としてのスタートが待っていた。

王監督自身も「ゆっくり味わって欲しい」と強調しているように、『重慶ブルース』の余韻は実に豊かだ。観賞後も、ディテールのもつ意味に新たに気づくたび、涙に誘われる。恐らくそんな反芻を経て、観る者は父親、林権海とともに、孤独な青年の魂に一歩ずつ近づいていくのだ。

思い起こせば、賈樟柯の『長江哀歌』(二〇〇六年)も、重慶で失われた家族を探す男の物語だった。この作品でも、孤独な男、韓三明が、妻や娘の面影を求め、失われつつある三峡の生活風景の中をひたすら彷徨う。だが、やっと探し当てた妻との時間はあまりにはかなく、娘も写真を通じて姿を認めることしかできない。

蒸発によって妻を捨てた林権海と、金で買った妻に蒸発された韓三明。家族と不器用な関係しか築けなかった二人は、ともに償いを強いられ、失われた関係を取り戻すために右往左往した。

やはり重慶は、迷い人がはかないつながりを求めて彷徨うのが似合う街なのだろう。

一人っ子世代の恋愛模様

『スパイシー・ラブスープ』『ウォ・アイ・ニー』『恋する地下鉄』

ミレニアムを迎えつつあった大陸映画界における顕著な現象の一つは、恋愛映画が多様で豊富となり、その表現もより自由になったことだろう。そんな時代の到来を象徴する作品の一つが『**スパイシー・ラブスープ**』(原題『愛情麻辣燙』一九九八年)だ。二〇世紀末の中国で記念碑的なヒットを生んだ張楊のオムニバス映画で、恋に酔う人、迷う人、苦しむ人、倦んだ人、すべてを網羅した、恋の群像劇だ。

この作品では、結婚を考える男女の、ごくありふれたストーリーを軸に、恋愛や結婚をめぐる五つの物語が展開する。音や声のマニアで、好きな女の子の声をこっそり録音し、ラブレターを作る少年、愛情に満ちた老後を夢見、定年を機に新たな伴侶を募る元看護師、結婚五年目の倦怠期を玩具のもたらす刺激で乗り切る夫婦、両親の不和に悩み、面相見にもらったまじないのスパイスでその仲を復旧させようとする男の子、そして街角で偶然出会い、カメラ男のストーカー的なアタックを経て結ばれる若い男女。

主人公たちはみなどこかちょっとアブノーマルで際どいのだが、一人一人がそこはかとない孤独感に包まれていて、共感を誘う。甘酸っぱい初恋から運命の出会い、結婚生活の行き詰まり、そして愛情に飢えた老後まで、誰もが人生のどこかで味わうさまざまな愛のスパイスが、生活のディテールで肉づけされつつ、素朴なタッチで描かれている。主人公たちのせつなさや彼らの間に流れる微妙な空気がストレートに伝わる場面描写も印象的だ。その反面、市井の日常をみつめる目には、外国人が中国の文化に接した時のような、若干突き放した距離感もある。

この作品は、主人公たちもおしなべて健気だが、制作時の奮闘ぶりも涙ぐましい。制作費ゼロだったため、出演者の衣装はすべて自前で、玩具好きの夫婦の家のシーンは監督自身の家で撮ったものだという。

一方、張元監督の『**ウォ・アイ・ニー**』（原題『我愛你』二〇〇二年）も、映画のタイトルの意味こそ、「あなたを愛しているよ」で、いかにもメロドラマ風だが、内容はまったく甘くない。むしろ結婚残酷物語だ。

友達をばか騒ぎの最中の冗談のような事故で失ってしまった王毅と杜小橘の、どこかずれた婚姻生活を描いたこの物語では、大人に成りきれない二人の、リアリティある夫婦喧嘩が延々と繰り返される。二人とも考えが未熟で、甘えん坊、しかも王毅にいたっては無責任でずるくもあるのだが、なぜか同情してしまうから不思議だ。ヒステリックに暴走する杜小橘についていけない王毅の気持ちも分かる一方で、父も母も恋人も一瞬で失った小橘のとんがった言葉の端々に滲む孤独感も、心に残る。

王朔による原作、『過把癮就死』(「思い切りやったら、あとは死んでしまえ」の意)が発表されたのは一九九二年なので、原作は一人っ子世代を描いたとは考えられない。だが、映画が発表されたのは、一人っ子政策の申し子たちがいよいよ結婚を考慮する年齢に達したことが話題になった時期だ。この世代の若者には甘やかされて育ったため、わがままでプライドも高いが家事の処理能力には乏しい若者が少なくなく、当時は、そういった若者同士が結婚した場合の婚姻の脆さが話題になった。彼らは電撃結婚を意味する「閃婚」をも厭わないが、離婚率も高いとされた。

しかもこの映画が上映された二〇〇二年は、外国映画の年間輸入枠の拡大が迫られ、ハリウッド映画が次々と映画館にかかるとともに、香港映画界とのコラボによる国産の娯楽大作も出始めていた時期で、映画館はそれまで以上に若者に人気のデートスポットとなりつつあった。当時、恋人との交際に忙しい同僚が、「週に一度は映画館でデートしている」と言うのを聞いて、驚いたことがある。つまりこの映画は、まだ大半の若者の恋愛が結婚を前提にしていた時代に、この甘く囁く「愛しているよ」というタイトルに騙されるような結婚予備軍たちを、おもなターゲットにしていたことになる。そう、これは「覚悟しろよ。結婚は甘くないぞ。たとえ小橋のような白衣の天使と結婚したとしても」、そんな地獄の囁きが聞こえる映画なのだ。

もう一つ、若い夫婦の婚姻の危機を描いた映画が同年、話題を呼んでいる。張一白監督の『**恋する地下鉄**』（原題『開往春天的地鉄』二〇〇二年）だ。

もし映画にトレンディという形容詞が許されるなら、都市の若者の愛情劇をスタイリッシュに描いたこの作品はトレンディな側面をもっている。自然に挟まれる音楽が耳に心地よく、音楽と男女の感情描写の絡ませ方などは、かつて中国でも人気を博したドラマ、『東京ラブストーリー』のノリで楽しめるからだ。

当時、この映画は北京の若者の間では「ぜひ観ておきたい映画」の一つとされた。北京の通州に住む友人が、自分が出勤に使う路線を説明する時、「ほら、あの映画で出てきた地下鉄だよ」と、どこか嬉しそうに言ったのを覚えている。

だが、トレンディとはいえ、作品を覆っている雰囲気はけっこう重苦しい。タイトルからも分かるように、おもな舞台も「地下」だ。

若い夫婦、建斌（演＝耿楽）と小慧（演＝徐静蕾）は同居生活七年目を迎えている。建斌は失業三カ月目だが、そのことを妻に言い出せない。上京当時、小慧に誓った言葉が頭から離れず、毎日出勤するふりをしては、地下鉄の中で時間をつぶしている。一方、小慧の周辺にも、彼女に思いを寄せる人間が現れる。妻の心変わりを感じた建斌は、別れの口実として、海外研修が近いと妻に偽る一方で、入院中の幼稚園教師との交流で、心を癒す。二人の気持ちはすれ違うばかりだが、まだお互いを想っているため、別離には踏み切れない。そんな二人に、ある時ふと春の気配が近づく。

時間軸を自在に前後させ、回想や想像のシーン、カメラに向けた独白を随所に織り込むなど、実験的要素は強い。だが、ホロリとくるエピソードやユーモラスな描写がスパイスとなって、地下鉄が接点となった多様な恋愛模様が浮かび上がる仕掛けは、観る者を飽きさせない。また、地下鉄が代表する大都市のクールなスピード感と、そこから「抜け出した」者たちの人間らしいぬくもりの対比が、都市とそこに生きる人との関係を、複層的に浮かび上がらせている。

3——農村の現実を描く

限界に抗う村人たち

『古井戸』『消失的村荘』『ようこそ、羊さま。』

広大な農村部を抱える中国だけあって、農村を描いた映画作品は少なくない。私自身、中国で最初にテレビ映画の数々に触れた時、驚いたのが、農村のごく地味なテーマを扱った作品の多さだった。もちろん、新しい農村の建設や優秀な幹部の称揚、出産制限の徹底など、政策の普及を目的としたプロパガンダ的なものがほとんどなのだが、日本に農作物の作柄や家畜の病気、農村向けの政策の影響など、農家の生活を扱ったフィクションがどれだけあるだろうかと考えると、やはり中国において「農村を撮る」ことは、日本とは比べ物にならぬほど重視されてきたのだと、気づかずにはいられない。

中国の農村映画を語る際に避けては通れない古典的名作は『**古井戸**』（原題『老井』一九八六年）だ。二〇一四年に七四歳で世を去った呉天明監督が、「西安電影制片廠（西安映画製作所）」の所長時代にメガホンをとった作品で、まだ芸術が「計画生産」されていた時代に、国営の映画撮影所で撮られた作品であることが信じ難いほど、自由で野心的な表現に満ちている。

『古井戸』は、中国の農村、とくに西北部の黄土高原の痩せた土地にある農村にとって重大な課題である、水不足の問題、そして生命の水を求める彼らの壮絶な闘いぶりを、ずばり正面から描いている。

舞台は先祖代々、水不足に悩む西北地方の山村だ。村では古来、いくら井戸を掘っても十分な水が出ない。そんな村で珍しく高学歴をもつ孫旺泉（演＝張芸謀）は、家の貧しさゆえ相思相愛の巧英（演＝梁玉瑾）との仲を裂かれ、子連れの寡婦、喜鳳（演＝呂麗萍）と結婚させられる。支部書記を含む村の老人たちの希望を一身に集めた旺泉は、支部書記の懇願に押され、村の井戸掘りにすべてを捧げることになる。

村人たちの土地、特に生命線である水源への執着が、とにかくすさまじい。水争いは、近隣の村人との大乱闘へと発展し、家畜とさえ熾烈に展開される。どちらもほぼ素手での格闘だが、その迫力はちょっとした戦争シーン並みだ。村の利益を守るため、村人たちはイタリア・マフィア並の団結を強いられている。

貧しさ、そして老人たちが代表する強い因襲の力が、若者たちの青春、未来、そして命までをも磨滅させていく。だが一方で、農村のさまざまな生活風景、娯楽の場も臨場感たっぷりに描かれ、貧しい中でも生を謳歌しようとする村人たちの姿が印象的だ。生命の象徴としての「飲み水」が諸所で効果的に登場し、観る方もまるでその土地にいるかのように、その水をおいしそうだと感じてしまう。

『古井戸』の村ほど問題が深刻ではないにしても、中国、特に北方や山間部の農村では、今も水の有無が生活の質を大きく決める。黄土高原があり、特に条件が厳しい山西省や陝西省はもちろんのこと、北京からそう離れていない河北省や河南省でも、遠くの村まで生活用水を運ぶ人や車を見かけるし、たとえ水道があっても冬は凍って使えないことが多い。北京市郊外の農村部などでも、水不足による断水はめずらしくない。

だから人々は水をとても大切にしており、ゆえに農村を描いた中国映画でも「水」や「井戸」は、しばしばとても重要な役割を果たす。例えば、草原の中にある村が純粋でロマンチックな愛情物語の舞台として純化され、村人たちの生活風景がほとんど強調されていない張芸謀監督の『初恋のきた道』においてさえ、井戸での水汲みは、ヒロインが想い人と会うための重要なツールとして登場する。

印象深いのは、消えゆく北京の銭湯文化を描いた張楊監督の『こころの湯』において、老いた父親が息子に西北地方の風習を語る際に出てくるエピソードだ。

陝西省北部の農村では、もともと水不足が悩みの種だったが、ある時期、ひどい干ばつに見舞われた。娘の婚礼を控えていたある家では困り果てた。その村では娘を嫁がせる前、風呂に入って体を清めさせる風習があったからだ。そこで親たちは近所の家を回り、お碗一杯の穀物を同量の水と交換してもらう形で、風呂の水を集めた。

昔語りなので若干の誇張はあるかもしれないが、十分あり得る話だ。北京も乾燥した大地にある以上、水は無駄にできない。この話は、そんな土地で銭湯業を営む以上、貴重な水を浪費しないように、と息子たちを戒めるために、語られたのだろう。

残念ながら、農村を苦しめるのは水不足ばかりではない。中国の西北部の多くの村では、砂漠化や労働人口の減少なども、集落が成り立たなくなる大きな要因だ。その結果、限界集落となったり、村自体が消滅したりといった現象も起き、近年話題になっている。

また、自然には恵まれていても、上からの政策によって消える村もある。自らも農民の家庭出身という林黎勝監督の『**消失的村荘**』（二〇一一年）は、そんな村の消滅間際の一幕を描いた意欲作だ。タイトルの意味はずばり「消えた村」で、現在も中国のあちこちで起きているはずだが、なかなか正面から扱われることのない問題を果敢に取り上げている。

物語は雲南省の寒村に住む呂老人（演＝王学圻）が鶏泥棒に殺されたと聞き、その息子の呂国と呂山が慌てて帰省する場面から始まる。だが葬式の準備をして駆けつけてみると、父親はまだ生きていた。とまどう兄弟を前に、老人は涼しい顔で当てこすりを言う。

壮年の若者たちがみな出稼ぎに出た結果、村は老人と子供、そして女性ばかりになっていた。そのため、しばしば出没する鶏泥棒にもなすすべがない。なんとか村の役に立とうと、呂山は村人たちと泥棒退治の大作戦を繰り広げる。

そもそも村は近々廃村となる予定で、村の重鎮である呂老人が率先して山のふもとの新たな住居に移動するのを待つばかりになっていた。新居は村人専用のもので、移転が成功しなければ役人としての地位が保てなくなる呂国は、父親に必死の説得を試みる。だが村に強い思い入れがある呂老人は、なかなか首を縦に振らない。

父親が「死を装った」真の理由や、その「村を守りたい」という切実な思いが胸を打つ。政府は移転によって暮らしは良くなるとする。だが実際は、どんな暮らしを「より良いもの」とするかは、人や村によって多種多様で、上から決めつけることはナンセンスだ。

作中では、毎年飛来する鶴のために土地を開け渡すことが廃村の理由となっているが、それは中立的な存在である「自然」を持ちだすことで、物語を単純化し、立ち退きを暴力的にも泥沼状態にもせず、結果的に検閲も通りやすくするための方便だろう。ちなみに、劉傑監督の『碧羅雪山』(二〇一〇年)にも、移転を余儀なくされる村が出てくるが、その理由も「熊の被害が深刻なため」だった。

全国で起きている「村の消滅」の中には、強引で不必要な「都市化」政策や、そういった政策に盲目的に従う官僚の成績第一主義、そして目先の経済的利益の優先によるものが目立つ。村の伝統や生活文化の喪失などから生まれる「損失」が、村人たちの物質的な「利益」をはるかに上回るように見えるケースも多い。

もちろん、時代や社会の流れもある。都市へのインフラや産業や雇用機会の集中、都市生活への憧れなどといった、発展や価値観の偏りがこういった農村の過疎化や消滅を加速化させているのは確かだ。だが、兄弟のうちの兄が、そもそも父親への反抗心をバネに村を離れ、自由な生活を選んだように、若い人々が村を離れる理由は決して一つではない。人々の価値観が多様化し、進路の選択も広がっていく中で、故郷を顧みない生き方を一概に非難することは、もちろんできない。

監督は映画の解説の中で「美しい村のすべてが失われていくのを、ただ見ているだけしかできない」と述べているが、人は失いそうになってはじめて、失われるものの価値が分かり、それをなんらかの形で残そうと努力する。村の消失を強い関心とともに見つめる視線がインディペンデント映画として結晶したことで、それが小規模ながらも映画館で上映され、多くの人と喪失の痛みを共有できるようになったことは、やはり貴重だ。

ラストシーンでは、美しい自然が目の前に広がる。大自然が人間たちの一切の営みを静かに包み込んでいく感じと、一人の老人の抑えきれない懐旧の念が静かに呼応しあっていて、なんともいえぬもの侘しさがある。

実際に農村を訪れた際、その空洞化・過疎化に心を痛めた経験は、私にも何度となくある。だが、もちろんすべての村が消失や衰退を前に無策というわけではない。むしろ「主旋律」映画においては、村の発展を願う村人たちが、さまざまな試みをする、といった展開の方が主流だ。またインディペンデント映画の中には、劉浩監督の『**ようこそ、羊さま。**』(原題『好大一対羊』二〇〇四年)のように、政策と現実のひずみを描き、村の発展のために奮闘しているはずの村人が、かえって政策に振り回されるというシニカルな状況を描いたものもある。

『ようこそ、羊さま。』の舞台は辺鄙な高原地帯にある貧しい農村だ。

徳山(ターシャン、演=孫雲昆)は、村の発展のため、役人から外国産の羊の飼育をテスト的に頼まれる。だが、人々に希望をもたらすはずのその試みは、実は地元の環境をまるで無視したものだった。村の厳しい気候条件の下、飼葉も気温も外国の羊には適さず、飼育は面倒をもたらすばかり。徳山は上等の餌や薬を用意するため、奔走する羽目になる。

農村にはびこる、現状を無視した官僚主義的やり方への強い風刺が感じられる作品だが、劉浩のデビュー作である『陳黙和美婷』と同様、本作でも、過度の感情移入は行われず、社会の厳しい現実が淡々と描かれる。そのドライな作風は、厳しい大自然の乾いた風景を引き立てつつ、静かな感動を呼ぶラストシーンへと物語を導く。必死の努力の甲斐なく、羊を幹部に回収された徳山は、かつて自分を散々振り回したはずの羊を必死で取り返そうとするのだ。それは一見、メンツがつぶれ、見捨てられたと感じたがゆえの反抗に見えるが、羊に移ってしまった愛情、または執着心の証でもあるだろう。貧困から脱しようにも、実情とかけ離れた対策以外にはすがるつてがない、泣き笑いのがけっぷち。そんな一農民の境遇がしみじみと伝わってくる。

◉『ようこそ、羊さま。』（監督：劉浩）

エイズ被害の現場

『在一起』『最愛』

陳為軍のドキュメンタリー映画、『好死不如頼活着』（二〇〇三年）は売血や母子感染によってエイズ患者の比率が高くなってしまった村、河南省上蔡県の文楼村の村人たちの暮らしを追った意欲作だ。敏感なテーマだけあって、さすがに大陸では発禁となり、やはりエイズ関係のドキュメンタリーの一般公開は難しいのだろうと思っていたら、二〇一〇年の冬、世界エイズデーに当たる一二月一日をはさみ、野心的な映画が公開された。趙亮監督の『**在一起**』だ。

始まりは二〇〇九年に顧長衛監督がネット上に発表した募集だ。それは、エイズ問題を扱った映画、『魔術外伝』の制作に協力してくれるＨＩＶ感染者を募ったものだった。『在一起』は、この募集から、最終的に撮影に協力してくれた患者たちのロケ地での様子、そして彼らの普段の生活環境に至るまでをレンズに収め、虚飾のない映像を通じ、ＨＩＶ患者への不当な差別をやめるよう、強く訴えかけた作品だ。

何より驚いたのは、画面や声の特殊処理を伴わない出演に同意した三人、涛涛、劉先生、そして老夏の底知れぬ勇気だ。中でも涛涛はまだほんの小学生にすぎない。その涛涛が体調の不良を訴えたり、不当な扱いを受けて泣いたりする演技の描写は、彼自身の実体験との距離が近すぎるためか、あまりにも真に迫りすぎていて、心が痛む。正直なところ、「なんと残酷な映画だろう」と感じる観客も少なくないはずだ。

だが、それでも最後まで観るべき映画だと感じられるのは、制作に加わり、自らの心身の痛みをカメラの前で率直に表現することで、患者たち自身も「自分を語る」勇気を得ていることが伝わってくるからだ。

カメラは、同じく『魔術外伝』の出演者である章子怡や郭富城などの著名スターたちが、患者らと分け隔てなく接する様子も捉えている。その交流の様子を見て、それまで患者らに偏見のまなざしを向けていた周囲の村人たちの態度が変わっていくのが興味深い。良くも悪しくも結局、人間とは自分の目で見たことに最も強い信頼を置くものなのだ。

上映された二〇一〇年当時、公式の統計では、中国のＨＩＶ感染者の数は、累計三七万人以上とされていた。ちなみに二〇一五年には五〇万人近くに達したとされている。つまり、中国において、ＨＩＶはもはや他人事ではなく、患者らとどう接していくべきかは、誰もが考えるべき問題だ。「劇中劇」という言葉があるが、『在一起』はいわば「劇外劇」であり、その「外」の部分は、演じ手を媒介に、明らかに現代人一人一人の日常生活とつながっている。

一方、本編である『魔術外伝』の方は、『**最愛**』（原題『最愛』）と改名され、翌年、つまり二〇一一年の五月に公開された。

ある閉ざされた山村で、多数の村人たちがＨＩＶに感染した。血の売買を生業とする「血頭」の趙斉全（演＝濮存昕）に血を売ったためだ。斉全の父親である村の教師、老柱柱（演＝陶澤如）は、それを負い目に感じ、患者たちの世話を引き受ける。やがて老柱柱は廃校になった学校で患者たちと集団生活を始めるが、その中には斉全の弟である趙得意（演＝郭富城）もいた。

他の村人のみならず、家族からも差別的扱いを受けていた患者たちは、家族の温もりや愛情を渇望していた。そんな中、妻から冷たくされた得意と夫に捨てられた琴琴（演＝章子怡）は、互いに惹かれ合うようになる。だが二人は、保守的な村人たちから冷たい扱いを受け、孤立に追い込まれる。

たび重なる内容の手直しと上映延期の結果、「愛情物語」がメインになってしまったという前評判だった本作だが、実際の印象はやはり単なる愛情物語とはだいぶ異なる。基調にあるのは、誰もが最後まで人間的に生き、生を謳歌する権利がある、という主張だ。恋愛や結婚は、その主張を形にするための選択の一つに過ぎない。二人は生死の境目を何度も意識しつつも、最後まで人間らしい幸福を追い、愛情を守ろうと努力する。

作品にリアリティを添えているのは、主人公たちがあくまで「中国的倫理の枠組み」の中で「人間らしく」生きようとしている点だろう。ちょっぴり羽目こそ外すが、二人は決して「アウ

◉『最愛』（監督：顧長衛）

トサイダー」ではない。正式な「結婚」にこだわり続け、「証書」を手にして狂喜する。法律や体面の問題以上に、きちんと結婚しておかなければ同じ墓に入れないからだ。

悲劇の原因を探れば、結局、一番の敵は「無知」だということになる。そもそも、村人の無知が病を蔓延させた上、村人たちのＨＩＶへの無知、無理解が、もともと病気に苦しんでいる患者らを、さらに苦しめているからだ。作品はユーモアを交えることで、そういった村人たちの偏見の荒唐無稽さを巧みに強調している。

富を蓄えるためなら、他人を苦しめても構わない、と考える村人たちのあさましさは、ＨＩＶに侵されようとも変わらず、むしろ増幅する。その底辺には、死ぬ間際まで、他人や自分を「モノ」によって幸せにしようと努力する人間の哀しさがある。それは農村の貧しさの裏返しであるとともに、人間の本質について考えさせ、主人公二人の「愛」がいかに貴重であるかを裏づけている。

置き去りにされた子供たち

『卵と石』『帰途列車』

中国に「留守児童」という言葉がある。親が都市部に出稼ぎに出る際に、農村の親戚の元などに預けていった子供たちのことだ。長い間肉親と引き離された留守児童は、親身で十分な世話が受けられず、愛情不足のまま育つことが多いため、健全な発育ができないとして、近年、多くの関心を集めている。実際の留守児童を主人公に起用した孫亮監督の短編映画、『回家的騙子』（二〇一四年）では、子供が久々に帰省した父親と再会しても馴染めない様子が描かれている。やっと親しみが育った頃、経済的な問題から父親はふたたび出稼ぎに出てしまう。そのつらさから、父親を「詐欺師」呼ばわりしてしまう女の子の姿が痛々しい。

一方、**『卵と石』**（原題『鶏蛋和石頭』二〇一二年）は、思春期の留守児童の少女がもつ、アンビバレントな心の世界を、簡潔な映像の言葉で丹念に描いている。ロッテルダム国際映画祭やタルコフスキー記念国際映画祭で大賞を受賞するなど、世界でも高い評価を得た本作は、日中の新進映画人のコラボによって生まれたという意味でも記念碑的だ。湖南省出身の監督、黄驥（ホアン・ジー）が自らの実体験を映画作品へと紡ぎ上げ、その過程を夫で日本人カメラマンの大塚竜治が映像と資金面で支えた。

卵と石に象徴される脆さと強さ。それは、世の中のさまざまな関係を決定すると同時に、一人の人間の心の中に宿ることもできる。石は強いが、他を寄せつけず、孤独だ。卵は一見脆く見えるが、命を抱擁し、育む存在でもある。

物語は一四歳の紅貴が、月経が来ないのを気にするシーンから始まる。七年間、叔父と叔母の元に預けられたままの紅貴は、いつも周囲に心を閉ざし、孤立している。自室に閉じこもっては叔父の虐待におびえ、素直な表情は幼友達の阿九にしか見せない。

中国では当時、紅貴のような一四歳以下の留守児童が少なくとも四三九〇万人に上り、教育部の発表では、そのうちの二二〇〇万が義務教育の段階にあるとされた。留守児童たちは、実の両親とはほとんど会えず、養育者からも必ずしも十分な世話は受けられない。中には紅貴のように性的虐待に遭う子供もいて、実際、虐待した養父に実刑判決が下された例もある。誘拐されて売られたり、犯罪に走ったりする子供も少なくない。

もっともこの映画は、そういった留守児童の現状や心理だけでなく、子供たちを翻弄する、

◉『卵と石』(監督：黄驥)

農村の頑迷固陋な価値観をも描き出している。とりわけ作品の随所から伝わるのは、男尊女卑の根深さだ。しかもそのほとんどが、差別される側の女性、つまり紅貴やその友人の白玉、叔母、そして経文を唱える祖母などの描写を通して表されている。差別の再生産は、子供や女性を完全に巻き込んだ、空恐ろしいほど強固な価値体系に支えられているのだ。

物語の合間には、しばしば肖像画が登場する。人の生の証しである肖像は、死を前提にしてこそ強く意識されるものでもある。つまり、肖像は紅貴をとりまく生死の循環や世代の継承のシンボルだ。では、紅貴の悲劇に、死以外の出口はないのだろうか。そんな閉塞感を経たラストでは、ありのままの自然に身を委ねる紅貴の姿が、タルコフスキー映画を思わせる透明感ある映像詩で彩られ、心洗われる。

「留守児童」の問題は、社会構造に由来するものであるため、親だけを加害者とすることはできず、見方によっては親も被害者だ。范立欣監督のドキュメンタリー、**『帰途列車』**（二〇〇九年）は、親の側の視点を交えるとともに、留守児童の「その後」も描き、出稼ぎ労働者に依存せざるを得ない社会構造そのものの根本的な矛盾に迫っている。出稼ぎに出る両親は、自分の子供が自分たちのような暮らしをしなくて済むよう、きちんと教育を受けさせたいと願っている。だからこそ必死で働いて学費を工面しているのだが、子供の方は一日も早い自活を望み、早々に出稼ぎに出てしまう。

そういった人間ドラマがあぶり出す、農村出身者ならではのジレンマも印象に残るが、本作においてはタイトルにも示されているように、中国の帰省ラッシュのすさまじさもかなりのインパクトがある。

膨大な流動人口を抱える中国では、春節などのたび、想像を絶する数の出稼ぎ労働者が農村と都市の間を移動している。『帰途列車』は、そういった人口の大移動がもたらすプレッシャーを鮮やかな視覚的効果を通じて把握できるという意味でも、指折りの作品だ。

極めて困難な切符の入手、長い列に並んでの改札、混雑した列車での移動。ただ故郷に帰るというだけなのに、時期が春節だというだけで、そのハードルはかなり高いものとなる。それは同時に、出稼ぎ労働者が子供に会う大変さ、そして彼らの一家団欒の時間がいかに得難く、忍耐に支えられたものであるかを伝えている。

罪を暴くリアリズム

『血祭りの朝』『殺生』

農村の現実や複雑な歴史、ひいてはコメディなどを描く際、中国の文学や映画ではしばしばマジック・リアリズム的手法が用いられる。

マジック・リアリズムと中国の農村の関係を語る際、真っ先に頭に浮かぶのは、小説家莫言の作品だろう。彼の小説を映画化した『紅いコーリャン』（原題『紅高粱』一九八七年）は、中国映画史に名を残す傑作として、現在でも誉れ高い。

だが実はその三年後にもう一つ、赤がテーマの興味深い作品が出現している。李少紅監督の**『血祭りの朝』**（原題『血色清晨』一九九〇年）だ。原作はフランチェスコ・ロージも映画化したガルシア・マルケスの名作、『予告された殺人の記録』で、『血祭りの朝』はその舞台を中国の農村に移し、見事な脚色でその封建的な体質を告発している。そのあらすじは以下の通りだ。

ある冬の晴れた朝、李明光が殺された。明光は村の小学校で献身的に教育に励む教師だった。

事件の真相を突き止めるため、調査団が村へ送られる。だが村人たちの証言はどれも支離滅裂で、謎は深まるばかりだ。

村の美しい娘、紅杏には、貧しさゆえずっと独身を強いられている兄、平娃がいた。ある日、村の成金、強国に見染められた紅杏は、身体障害を持つ強国の姉を平娃に嫁がせる、という交換条件で強国に嫁ぐ。それは農村に残る「換婚」という習俗で、一種の売買婚だった。

だが、初夜の晩、紅杏は処女でなかったため実家に突き返され、平娃の嫁も呼び戻されてしまう。怒りに燃えた平娃は、紅杏と親しかった明光が紅杏の処女を奪ったと誤解し、その殺人を「大々的に」宣言する。

原作を知っていれば予測できることとはいえ、やはり衝撃的なのは、村人の大半が殺人予告を知りつつ、本気で明光を救おうとはしないことだ。それは殺人という非日常的事件に対する村人の感覚の鈍化ゆえではない。詩を書き、最新雑誌を読む、村でも珍しい知識人青年であった明光は、もともと村人たちにとって、どこか疎ましい、異質の存在だった。つまり開明的な明光は、いわば村人たちの文化的閉鎖性の生贄になったのだ。

撮影されたのは一九九〇年。多くの若い知識人が北京で受難した直後の時代の空気を鮮烈な映像で切り取っており、タイトルも意味深だ。撮影の際は、出演者の着る服を周辺の村からかき集めたりと、徹底的に本物らしさを追求したという。監督は美的センス溢れるテレビドラマ、『紅楼夢』、『橘子紅了』などで知られる李少紅だが、この作品からは、社会や共同体からはじき出された者を見つめる、彼女の社会派の一面が感じられる。妓女の解放後の運命を丹念にたどった『べにおしろい／紅粉』（原題『紅粉』一九九四年）でも、その特徴は受け継がれている。

もう一つ、農村での殺人事件を描いた作品として強烈な印象を残すのは、管虎監督の『**殺生**』（二〇一二年）だ。陳鉄軍の小説、『設計死亡』を原作とするこの作品でも、謎の殺人事件を追う過程で、ある村の封建的な体質が次々と暴かれていく。

長寿の里として知られる長寿鎮で、牛結実（演＝黄渤）という男がある日、瀕死の状態で見つかった。医者が助けようとすると、意外にも村人たちが拒否したため、結実は死に至る。やがて、その死になんらかの秘密をかぎつけた医者は、真相を探ろうと、ひそかに村での調査を始める。村人たちに、生前の結実についてあれこれ尋ねるうち、やがて浮かびあがってきたのは、村の古いしきたりやきまりを無視し、自由奔放に生きる結実の姿だった。

最初は結実のあまりの腕白ぶりに、観る方もつい眉をひそめてしまうが、話が進むにつれ、彼にも陋習を打破し、人間らしさを重んじる、いい面があることが見えてくる。ここで結実の姿に、中国における孫悟空のイメージを重ねることができる。旧習に囚われず、権威ある存在にもひるまない孫悟空は、愛すべき新たな時代の担い手として、解放後の中国でも広く許容されてきたキャラクターだ。もっとも、もし、実際の世の中に孫悟空がいたら、やはり結実と同じく、ただちに村八分に遭い、存在を抹殺されてしまうだろう。

村人たちは、長生きだけを絶対的なドグマとし、人間性を抑圧された暮らしに甘んじている。彼らが構成する強固な「秩序維持」のシステムに、実社会の縮図を読み取るのは容易だ。そのような社会においては、自由を貫こうとする結実のような存在は、危険きわまりない。ゆえに、個人的な利害関係やムラ社会の構成員としての同調圧力に影響された村人たちにより、その存在や性質が、社会に歯向かう危険なものだと決めつけられてしまう。最後に子供が本音を語るまで、本来なら公正で客観的な判断を下せるはずの医者の目まで曇らされてしまうのだ。

この映画を観てつくづく感じるのは、農村部も都市部も、一見まったく違うように見えて、本質的には変わらない部分があるということだ。そして、それを中国に限った構造だと言うことは、残念ながらできないように思う。

4——多様化する家族のかたち

切っても切れない親子の縁

『ただいま』『胡同愛歌』『上海家族』『私とパパ』『老炮児』

家族の絆をめぐる罪と罰の問題をつきつめた鬼才、張元の名作に、ヴェネツィア国際映画祭で最優秀監督賞を受賞した**『ただいま』**（原題『過年回家』一九九九年）がある。

たった五元の盗難事件で濡れ衣を着せられた小学生の陶蘭（タウ・ラン、演＝劉琳）は、カッとしたはずみに、継父の子で義姉にあたる小琴を殴り殺してしまう。その結果、刑務所で一七年間服役することになるが、獄中での態度が優秀だった陶蘭は、ある年ようやく故郷での年越しを許される。しかし、家族殺しの傷は両親にとっていまだ癒やし難く、誰も陶蘭を迎えに来ない。その様子を見かねた刑務所勤務の警官、小潔（シャオジェ、演＝李冰冰）は、無理やり陶蘭を実家に送り返そうとするが、そこには、葛藤に苦しむ、複雑な家族関係が待っていた。

淡々としていながら、人の心を鋭くえぐる描写を通じ、家族や人生の意味とは何なのか、罪はどうすれば赦されるのか、といったディープな問いが、無理なく、しみじみと胸に迫る。張元監督は、本作の撮影のため、全国十数カ所の刑務所を実際に巡り、殺人を犯した多数の女囚たちと対話をしたという。数奇な運命をたどった陶蘭の描写がディテールに富んだものになっているのは、そんな入念な準備のためだろう。陶蘭の境遇を複雑にしているのが両親の離婚と結婚である点も、時代を生々しく反映している。

自動車の急激な増加により、陶蘭は道路の横断にも一苦労する。大規模な再開発によって、故郷の街は瓦礫の山と化しており、自分の家さえ見つけられない。無防備な陶蘭を襲う一七年という時間の残酷さは、「変わらない心の傷」の存在を、かえって浮き彫りにする。それだけに、家族が絆を確かめ合い、新たな一歩を踏み出すラストは実に感動的だ。

資本主義の浸透や西洋的な家族観の影響によって、結婚をめぐる個人の自由度や価値観の幅が広がると、熟年層の離婚や再婚も珍しいことではなくなった。

安戦軍が監督を手掛けた『**胡同愛歌**』（原題『看車人的七月』二〇〇三年）は、そんな空気を受け、生き方も互いの愛し方もどこか不器用な父と子の姿を、素朴な作風でしみじみと描いた佳作だ。

国営企業の再編に伴うリストラに遭い、駐車場勤務を始めた杜紅軍（トウ、演＝范偉）は、子連れのバツイチだが、最近は花屋を開く美人女性、小宋（シャオソン、演＝陳小芸）との再婚を前に浮足立っている。だが幸せも束の間、小宋の元の夫が出獄してきて、すべてをぶち壊してしまう。新しい妻との幸せな再出発を望む父と、その父に反発しつつも、自分は秘かに担任の女性教師に母親の姿を重ね合わせている息子。そんな二人の心の動きや感情のぶつかり合いがせつなく、愛おしい。

杜親子がそうであったように、誠実で心温かい人間でも、ちょっとしたきっかけで大きな不運に次々と見舞われることがある。そしてその不運は、ときに本人の行動パターンや人生まで一変させてしまう。人の世のそんな残酷な一面を、物語は当事者の目線で追って行く。すれ違いこそあれ、実際は親子の愛情が強く通いあっている父と子は、社会の転換期にいわゆる「負け組」へと追いやられた弱者だ。父親はぎりぎりまで意外なしなやかさでその不運に抗うものの、最後にはやるせなさゆえの憤怒が、彼を悲劇へと導く。そこには『罪の手ざわり』のドライな視点よりずっと当事者の心情に入り込んだ、「切れる」人間の描かれ方がある。

同じく、離婚後にさまざまな苦労を味わう親子を描きつつも、より少女の大人びた視点が光る作品に、彭小蓮監督の『**上海家族**』（原題『仮装没感覚』二〇〇二年）がある。「何も感じていないふりをする」という意味のタイトルをもつこの作品の舞台は上海の下町だ。

夫が浮気相手の女となかなか手を切らないことが原因で離婚した母（演＝呂麗萍）は、娘の阿霞（演＝周文倩）とともに、流浪に近い多難な日々を乗り越えていく。一時は李（演＝孫海英）との再婚によって安定した暮らしを得ようとするが、李のケチ臭さに辟易し、けんか別れになってしまう。やがて価値観が合わない夫との摩擦に耐えてまで、条件のいい家に住むことより、自由で独立した生活を選んだ二人は、最初の離婚で分配されるべきだった財産を元手に、新たな生活を始める。

ある調査報告を見ると、ちょうどこの映画が上映された二〇〇二年前後は、夫婦の離婚の理由の二五％を配偶者の浮気が占めるに至っており、しかも女性側から離婚を訴えるケースが目立って増えていることが分かる。また司法側の態度も計画経済の時代の影響を脱しつつあった。それまでは、たとえ当事者双方が離婚に同意していても、離婚を認める条件を満たしていなければ、裁判官が離婚を思い止まらせようと強く説得するのが常だったが、この頃から自主性とプライバシーを重んじる方針に切り替わっている。

つまり、この作品はそんな転換期の空気を捉え、離婚した女性も得るべき権利を得て、自分の道を歩めるよう、方向を指し示した作品だといえる。当時はちょうど、これからは弁護士の需要が増えるとして、大学の法学部の人気が急激に高まった時期でもあった。

もっとも皮肉なのは、この映画のように、離婚を強いられた者のもつ「権利」を、きちんと世に知らしめる作用をもつ作品もある一方で、二〇〇三年までを対象にした先述の調査報告が、離婚率の増加に、「映画やドラマの影響」を挙げていることだ。

さらに冗談めいて聞こえるのは、母親の再婚者で、「お金の勘定にばかりうるさく、低俗なテレビドラマばかり見ているつまらない男」の役を演じているのが、実生活においても呂麗萍の再婚相手である孫海英であることだ。当時、呂麗萍の離婚、再婚騒ぎは中国では誰もが知る大ニュースだった。つまり、求めたのがリアリティであるにせよ、話題性であるにせよ、呂がこの役を演じることを受け入れたということ自体が、安易な再婚を戒めるというこの映画のメッセージを、強く後押ししている。

ちなみに、あちこちの場面で垣間見られる、上海の路地、弄堂（ロンタン）の生活感溢れる描写も、この作品の大きな魅力だ。水周りは一階にしかなく、何世帯かの住民が台所やトイレを共用で使う暮らしは、かつて大量の移民を住まわせるために造られた弄堂ならではのものだが、こういった生活風景はその後の再開発で激減し、その多くが高層マンションのありふれた暮らしに取って代わられた。その意味でも、本作は北京の下町、胡同の生活を描いた『胡同愛歌』と、鮮やかな対をなしている。

一方、若き精鋭、徐静蕾の初監督作品で、主演、脚本も兼ねた一人三役で実力を大発揮した**『私とパパ』**（原題『我和爸爸』二〇〇三年）も、不器用な親子愛が心にしみる一作だ。

幼い頃に両親が離婚したため、父（演＝葉大鷹）については僅かに存在を知るのみだった小魚（演＝徐静蕾）は、母親の突然の死によって、父とともに暮らすことになる。ぎこちない時間を経て、ようやく心を通わせあう二人。だが、自由気ままな夜の生活を好む父は、どこか頼りなく、法に触れることもしばしばだった。

父親と娘の微妙に変化していく関係が、ユーモアを交えつつ、生き生きと描かれている。最初は正反対に見える親子二人が、次第にどこか似ているように見えてくるから不思議だ。

家族がいない寂しさの反動から、父を家に縛ろうとしてしまう小魚、そして家族愛に目覚めるにつれ、次第に心が脆くなっていく父親の姿が痛々しい。男女の愛と肉親間の愛情の違い、そして愛を求めるがゆえの「極端な自己中心主義」はどこまで許されるのか、などについても考えさせられる一作だ。

この他、先述の『殺生』や、社会派の大人気連続テレビドラマ『黒洞』、『生存之民工』で知られる管虎監督も、話題作『**老炮児**』(二〇一五年)において、消えゆく世代への挽歌として、子供のために立ち上がる一人の父親の肖像を描いている。

馮小剛演じる六爺は、北京方言で「老炮児(ラオパオ)」と呼ばれる、いわばごろつき。すでに時代遅れのちょい悪頑固おやじではあるが、地元の一帯ではちょっとした顔で、仲間の面倒を見る情け深さも人一倍だ。つねに自分なりの原則で物事を仕切る六爺だが、何事もぎりぎりまで一線は超えず、かりに損をしても解決を先に延ばす鷹揚さも持ち合わせている。

そんな六爺がある日、息子が深刻で厄介な問題に巻き込まれていることを知り、立ち上がる。だが、自転車しか持たない一庶民の六爺が挑戦を強いられた相手は、高級車を乗り回す有力者の息子だった。年齢や人生経験や「腕ずく」では勝っても、いずれ別の形で何倍もの仕返しを受けるのは分かっている。だが六爺は仲間の応援を得て、病身にムチ打ち、決闘に臨む。

たとえ勝ち目のない戦でも、ここで逃げてはメンツが立たない。そんな悲壮感に満ちた覚悟は、仁義の世界に属し、旧社会的だ。だが昔堅気の庶民には強いリアリティがあり、カタルシスを与える。その背景には恐らく、社会の閉塞感や北京っ子が抱える焦燥感がある。それは、外から来た、地元の規則も地理も、ひいてはマナーすらろくに知らない者たちが、金の力で北京を乗っ取っていく、という悔しさから来るものだ。そんなやるせなさと響き合ったシーンはどれも効果的で、中でも金持ちが金にあかせて飼っているダチョウが脱走するシーンは圧巻だ。ダチョウは鳥でありながら、飛べない。でもだからこそ、自由を得ようと走る姿は、哀れなほど不器用に見え、同情を誘う。だがダチョウは決して不器用なのではない。ただ、いるべき場所を間違えているだけなのだ。

つまり『老炮児』は、時代の流れに取り残されてしまった人々のやるせない気分を描くとともに、義理を重んじ、金銭のもちうる暴力に抗う人物像を描くなどの形で、今の中国社会の一部に広がる「仇富（富んだ者を恨む）」心理にはけ口を与え、さらに言えば、どんな経緯かはともかく、腐敗撲滅の動きとも呼応している。

つまり時代を描きつつも時代に利用された面をも持つわけだが、恐らくは、だからこそロードショー上映が容易となり、さまざまな議論の俎上に載った。

その結果、議論の的になったのは、北京独特のスラングの多さだった。それは時代の申し子である六爺たち自身と同じで、やがて活躍の場を失い、変容したり忘れられたりしていくものかもしれない。だがそれらは、時事問題と関わる数々の台詞とともに、作品に強い臨場感を与えている。

主人公の六爺たちにとっては対立する存在の「富二代（富豪の二代目）」や「官二代（高官の二代目）」の若者たちだが、彼らは決して単なる新人類として描かれているのではない。とくにそのボスである小飛などは、どこか六爺と通じる存在として描かれている。それは恐らく、彼らにも六爺と同じく、社会のルールを無視する自由奔放さがあるからだけではない。富の極端な崇拝は、経済発展ばかりに重きを置く時代の空気が生んだものでもあった。その弊害によって肉親の愛情と親身な教育を受けられなかったという意味では、彼らも文革期の北京で育った「老炮児」たちと同じく、時代の被害者という面をもつのだ。

イレギュラーな家族関係

『租期』『安陽の赤ちゃん』『我らが愛にゆれる時』

二〇一四年に四九歳の若さでこの世を去った路学長監督は、寡作ながら、社会の底辺で暮らす人々を生き生きと描いた作風で知られている。旧社会の因習と現代の都市生活者の価値観の差などを描いた『**租期**』（二〇〇六年、『租妻』から改名）も、そんな作品の一つだ。

大都市で友人と会社を立ち上げた郭家駒（演＝潘粤明）は、事業に失敗し、巨額の借金を負う。

そこでしばらく故郷の農村に潜んで債権者の督促をかわそうとするが、そのついでに、道端で偶然出会った「小姐」、いわゆるキャバクラ嬢の莉莉（演＝李佳璇）に、実家で「フィアンセ」役を演じるよう頼む。それは、重い病気で余命短い父親を安心させるためだった。最初は金銭を介したビジネスだと割り切っていた莉莉だが、やがて真に受けた郭家の家族の強い要望により、結婚式の花嫁まで演じなければならなくなると、複雑な心境に陥る。

親の期待に応えるため、「偽の婚約者」まで用意する、という設定に戸惑う人も多いかもしれない。だが、親の世代が結婚適齢期の息子や娘にかける「早く結婚を」という圧力は、中国では依然として強い。都市部で働く二〇、三〇代の人々の間では、そのプレッシャーが重荷となり、帰郷を憂鬱に感じる人も少なくないほどだ。さらに作中の家駒のように良家の出身できちんとした教育を受けていたりすると、結婚による親孝行は「鉄則」に近く、さらに故郷に錦を飾るために一旗揚げなくてはならない、という条件まで加わる。

家駒が直面するプレッシャーは、故郷の人々が受け継いできた因習の力と比例する。そして、先祖を代々祀る「祠堂」での儀式の盛大さや、仮面劇などの伝統行事の場面は、その因習の強さを華やかながらも重苦しく象徴する。

この作品のもう一つの特色は、中国でキャバクラ嬢やホステスに相当する「小姐」の境遇を、さまざまな角度から、冷静かつ時間軸とともに描いていることだ。莉莉にとって、十分な教育を受けぬまま、都会に出て働こうと夢見ている家駒の妹は「過去の自分」であり、精神に異常をきたして村を彷徨う元「小姐」の女性は、「将来そうなるかもしれない自分」だ。そして今時点での彼女は、帰属する所をもたず、浮遊している。

後半になると、家駒の「小姐」に対する偏見が薄れていく様子、そして金儲け主義だった莉莉の心境の変化が印象に残る。家駒との関係を次第にビジネスライクに考えられなくなった莉莉はやがて、家駒の借金を肩代わりすることで、結婚だけでなく、成功のプレッシャーに対しても彼に「対症療法」をもたらすのだ。だがそれも結局のところ、友情や愛情には発展しない。そして最終的に二人の関係は、人の情を疎外したまま、現代社会で繁殖しつつある、一時的な「レンタル」関係の利害の枠内に収まってしまう。だが、やはり人間とはそれでは割り切れない生き物なのだろう。最後に家駒は街中で莉莉の面影を探す。

「家族」という枠組みがまだ強力な引力をもっている中国においては、「仮の家族」、「かりそめの家族」という設定は、いまだ主流である「血のつながった家族」と強いコントラストをなし、家族の意味を考える有効なきっかけとなる。児童売買を描いた『小蛾の行方』や『最愛の子』においても、金銭を媒介に得られた血のつながりのない関係が描かれているが、より重点的にこれを取り上げているのは、王超監督の『**安陽の赤ちゃん**』(原題『安陽嬰児』二〇〇一年)だ。

河南の某都市で、ある日職を失ったばかりの中年男、大剛(演＝孫桂林)は捨て子と出会う。母親である売春婦、艶麗(演＝祝捷)が払うという養育費に魅かれ、大剛は子供を育て始める。

◉『安陽の赤ちゃん』(監督：王超)

やがて艶麗が愛人関係にあったやくざのボス(演＝岳森誼)と喧嘩別れをすると、二人は同居生活に入る。だが、そんな二人の前に、自らが不治の病だと知ったやくざのボスが現れる。目的は「後継ぎ」を引き取ることだった。

現実とは往々にして情け容赦なく、シビアで、やるせないものだ。だがその中で明日に希望を託し、ただ黙々と生きる人間の姿が、時にひどく私たちの心を打つことがある。職を失っても、つましく、できることを精一杯やって暮らしていく男と、体を張って子供を育てる女の姿が体現しているのは、「生きる」とは何か、そのものだ。

素人役者を起用し、たった二一日という撮影期間において、ドキュメンタリータッチで仕上げられた本作だが、原作は作家でもある監督自身が手掛けた文学作品だ。ただ、小説の映画化にありがちな語りすぎの弊害はない。印象的なのは、各シーンのまるで絵画のような構図と、ちょっと引いた場所からの超ロングショットだ。かなり長いが、主人公の複雑な心理が想像を誘うので飽きない。まるでカメラの存在を忘れさせ、観客のいる空間と映画の世界を丸ごとつなげようとしているかのようだ。この他にも、街やカラオケの大音量の音楽がなぜかBGM的効果を生んでいたりなど、野心的な表現は多い。

エンディングでは大胆にも、幼児を託された男のその後についてが、なんのヒントも残さずにカットされ、すべてが観る者の想像に任せられる。悲惨でたまらないのに、後味に残るのは、なぜか滑稽さ、「軽み」だ。

家族の絆と血縁の関係をめぐっては、もう一つ、別の角度から考えさせられる作品がある。それまで青春モノで知られていた王小帥が、初めて中年夫婦の心理的葛藤へと視線を移した作品、**『我らが愛にゆれる時』**(原題『左右』二〇〇八年)だ。

枚竹(演＝劉威葳)は前夫の老謝(演＝成泰燊)との間の子、禾禾をつれ、肖路(演＝張嘉訳)と新しく家庭を築く。だが禾禾が白血病を患ってしまい、家庭には大きなプレッシャーがかかることに。残された救いの方法は、前夫との間に、もう一人子を設け、その臍帯血を手に入れることだった。究極の選択を迫られ、母親は倫理的抵抗感と娘への愛情の間で揺れ動く。

かなり特殊な状況設定のように見えるが、脚本はよく練られたもので、ベルリン国際映画祭でも最優秀脚本賞を獲得している。離婚の犠牲になった子供のために、親はどれだけ手を差し伸べるべきか、他の命を救うのを目的として生まれてきた子供は、結局のところ幸せになれるのか。作品が提起しているさまざまな問題は、拡大すれば、クローンをめぐる論議ともつながることだろう。

浮気の代償

『趙先生』『一声嘆息』『手機』『重来』

皮肉なことだが、離婚の危機や浮気の問題を生き生きと描いた名作の登場も、ミレニアムを挟んだ時期の中国ならではの現象だといえるかもしれない。その先駆けとなった作品の一つが、呂楽監督の知る人ぞ知る発禁作品、『**趙先生**』(原題『趙先生』一九九八年)だ。詰め寄る妻に必死で浮気の言い訳をするシーンで始まり、延々と男のいい加減さ、上っ面の誠意、巧みに繕うずるさが描かれていく。滑稽なのは、夫婦喧嘩の時、妻の方が江南地方の方言で延々と話すのに対し、夫はわりと分かりやすい普通話(公用語)でそれに答えていることだ。つまり夫妻の間の、コミュニケーションのズレが、言葉の違いによって誇張、増幅されている。

この作品は、観ている間はそうでもないのに、観た後に不思議と底知れぬおかしさがこみ上げてくる。妻にも浮気相手にも責任をとりきれない、無責任人間の本性を深く抉っていながら、滑稽なシーンでエンディングを軽やかにしているのが、巧みだ。脚本も秀逸で、欧米の短編小説を彷彿とさせる。

この極めてありふれた題材を扱った作品が、海外では受賞しながらも、国内では上映禁止になった理由は、「社会主義のイメージをぶち壊すから」だったと言われている。夫婦の不和を描くことが政治問題になる、そんな時代が、つい二〇世紀末まであったことも、今振り返ると、まるでジョークのようだ。

かつて家庭内でも階級闘争が行われた中国においては、家庭の不和をジョークを交えてのびのびと描けること、そのこと自体が、新しい時代の到来を意味したのだろう。時代に先駆けた、そんな浮気モノ映画のもう一つの最高傑作が、馮小剛監督の『**一声嘆息**』(二〇〇〇年)だ。

脚本家の梁亜洲(演=張国立)は、缶詰状態での執筆時に世話係となった小丹(演=劉蓓)と深い仲になる。その後の展開はありがちなものだ。つまり、夫の裏切りに気づき、心の空白を埋めるようにマイホームの内装に全ての望みをかける妻、なんとか別居にもちこむが、娘が可愛くて離婚できない夫、幸せな家庭を壊した罪悪感を覚えつつも、梁を独占したい気持ちを抑えられない愛人、といった三者の関係がもつれ合う。やがて不倫中の二人が胸中の疚しさから摩擦を起こし始めると、その「泥沼」度はクライマックスに達する。

結局のところ、本作は妻と愛人との間で選択を迫られた男のにっちもさっちもいかない状況を描いているにすぎないのだが、ディテールや台詞が機知に富んでいる。梁亜洲が妻に語る、「お前と手をつないでいても、左手が右手をつないでいるみたいで感覚がない。でも、切り落とされたら痛いよ!」や、「喜新厭旧(新しい方を好み、古い方を厭う)」をもじった「喜新不厭旧(新しい恋人も妻も両方好む)」などに代表される、呆れるほど身勝手なセリフ、そして登場人物それぞれの良心に葛藤が起きた時の行動がもつリアリティは、同じく不倫を扱った馮監督の後のヒット作、『手機』をも凌ぐ。主人公の作家が、「名前こそ有名だが、作品はきちんと読まれていない」など、情報が断片化しつつあった時代の風潮を巧みにプロットに取り入れた機敏さも秀逸だ。

隠し味は、早すぎる死を惜しまれた名優、傅彪が演じるプロデューサーの存在だろう。著名作家を自分の思い通りに操るため、その弱みを握る。そんなからくりがすべてを動かしていることに気づいた時、空恐ろしさに身がすくまざるを得ない。

科学技術が発達した現在、相手の弱みの把握には、通信機器も大活躍している。二一世紀の最初の一〇年余で、中国の電話は、ポケベル+固定電話から、PHSや携帯電話を経てスマートフォンへとダイナミックに変わった。それは人間のつき合い方や関係に、その関係が親しいものであればあるほど、大きな影響を与えた。「互いの動向をつねに把握しておくべき」夫婦関係ならなおさらだ。そんな空気を分かりやすいエンターテイメント作品にして提示したのが、『**手機**』（二〇〇三年）だ。

この作品でも、いくつものユーモラスなセリフが流行語になった。もっとも有名なのは、妻からの浮気の追及に辟易した費墨（演＝張国立）がその妻や婚姻生活について語ったこのセリフだろう。「二〇年余りも経ったからね、確かに審美的疲労はあるよ！　やはり農耕社会は良かったなあ。あの頃は交通も通信も発達していなくて、上京して科挙を受験するにしても、数年は戻らなかった。ならば戻ってきた時に何を言ったって成立する。今は……近い、近すぎる。近すぎて息つく暇もない！」。愛人を抱えることが流行やメンツの維持になるような浮ついた風潮の下での、浮気男の自分勝手な理屈で、浮気を理論武装するものだと腹を立てた観客も少なくないだろう。だが、それでも広く語り継がれたのは、通信機器のあまりにも急速な発達、普及ぶり、そして本来は便利なはずのそれらが人々の生活にもたらした一種の「息苦しさ」を、このセリフがユーモアと実感を込めて表現していたからだ。

一方、まだまだ少数派だが、妻の浮気を扱った作品もない訳ではない。

人生の時間の不可逆性に、時間を巻き戻すことで抗うようなプロットは、『時をかける少女』や『スライディング・ドア』など、洋の東西を問わず人気が高いが、王超監督の『**重来**』（二〇〇九年）は、より現実に即したストーリーで時間軸を揺り動かしている。

外科医の李詢（演＝李乃文）はある日、信じがたい手術を強いられる。患者はなんと密会中に交通事故に遭った自らの妻、絲竹（演＝顔丙燕）とその愛人だった。なんとか二人の命をつなぎとめるも、妻は李詢と本格的に付き合い出した三年前以降の記憶を喪失する。李は、妻の裏切りに傷つきつつも、妻の記憶回復のため、力を尽くす。だがそれは、妻の「裏切り」と「愛人の記憶」を再現することをも意味していた。医師の倫理と個人的感情の狭間に追い込まれた李に、決断が迫られる。

いわば妻の浮気という「取り返しのつかないあやまち」を「巻き戻して再現」せざるを得なくなる夫婦の姿を描いたこの作品は、あらすじだけ読むと、まるで奇をてらったストーリー展開が売りであるかのようだ。だが実際には、同監督の『安陽の赤ちゃん』と比べ、人の葛藤がより分かりやすい形で表現された『重来』は、人の内心や記憶を深くえぐった描写や、結婚や愛情の本質を考えさせる物語展開によって、プロットとテーマのバランスが程よく保たれている。

これまで、不倫→許し→絆の深まり、という夫婦の構図は、妻が「許す」という設定で描かれることが多かった。だが本作では、愛人のことをまったく忘れ、まるで新婚時代のようなまっさらな状態にある妻を前に、ひたすら「許す」試練が課されているのは夫だ。ラテン・ダンスを愛する情熱を秘めた妻と、冷静沈着な外科医の夫。一見対照的な性格に見える二人には、実は親友を裏切ってまで結婚したという「誓い」の過程があり、試練を通じて深まる何かがある。

夫の複雑な苦悩を通じて、夫婦愛とは何か、という永遠のテーマに、新たな角度から挑もうとしているのは、少なくとも中国映画においては新鮮味がある。

あくまで結果は一つのみ。だが、一回きりのはずの人生を、ふたたび「再現」していく夫婦の行為には、同じ時間を二度生きるという稀有な状況がもたらす生々しく濃厚な時間体験がある。

DVDを巻き戻すかのように、人生がより大きな次元に操られ、繰り返しを強いられるような感覚は、神を失った多くの現代人にとって奇異でショッキングなもののはずだ。しかしながら、そういった感覚は逆に、人生の一刻一刻の重さと、その時間を大事に生きるべきことを私たちに気づかせてくれる。

5——日常の細やかな描写

高齢者たちのサークル

『北京好日』『こころの湯』『グォさんの仮装大賞』

中国の都市部を訪れた多くの外国人が感心するのが、高齢者たちの余暇の充実ぶりだ。彼らは公園や公民館などに集うのが大好きで、北京を例に挙げれば、京劇、小鳥好き、社交ダンス、凧揚げ、合唱などのサークルが、つねに生き生きと交流や稽古などをしている。

趣味人たちのそんな豊かな世界を描いた映画の草分けともいえるのが、寧瀛監督による『**北京好日**』（原題『找楽』一九九二年）だ。

劇場の管理人を引退したばかりの韓（演＝黄宗洛）は、妻に先立たれ、一人暮らし。それまで仕事人間だったため、退職後は手持無沙汰に職場と家の間をうろつくばかりだ。そんなある日、韓は京劇を愛好する老人の集いに出会う。京劇通の韓は、そのうんちくで老人らの尊敬を獲得。やがて彼らがより良い環境で集えるよう奔走し始める。

寧瀛監督はイタリア帰りの国際派の監督で、『北京好日』はそんな彼女が帰国後に手掛けた「北京三部作」の第一作だ。主演の三人以外はすべて素人役者だが、監督は彼らから、驚くべき手腕で自然かつ気迫に満ちた演技を引き出している。豊かな海外経験が影響してか、監督が北京の人々を見つめる目線は、温かくユニークである半面、どこか客観的でクールだ。

　あたかも一種の鏡のように、京劇は老人たちのさまざまな個性を写し出す。彼らは「国粋だから」といった堅苦しい理由だけでなく、気がふさいだ時の気晴らし、健康維持のため、または心から好きなことのあくなき追求などといった、さまざまな目的や夢を京劇に託し、練習に励む。その姿には、寧監督の映画に対する思いも反映されているに違いにない。

　ラストでは仲間割れの危機や街の変化が彼らを襲う。だが、さすが酸いも甘いも噛み分けてきた老人たちだけあって、懐は深い。そんな彼らの紡ぐ、春の日差しのようにほのぼのとしたラストは、しみじみとして味わいがある。


　中高齢者に十分な居場所があるという社会は、豊かな社会だ。日本の都市部でも、かつては銭湯などが、地元の住民を結びつける重要で人気の高い社交場になっていた。それは一九九〇年代くらいまでの北京の下町でも同じだった。今でこそ、そのほとんどは消えつつあるが、張楊監督の『**こころの湯**』（原題『洗澡』一九九九年）には、近所関係がまだまだ人情でつながれていた時代の、どこか懐かしい空気が流れている。

　深圳に働きに出ていた長男の大明（ターミン、演＝濮存昕）はある日、北京で銭湯を営む父親、劉（リュウ、演＝朱旭）の元へ戻ってくる。弟で知的障害のある二明（アミン、演＝姜武）から来た絵葉書を見て、父親が倒れたのではないかと心配したからだった。だが父親はピンピンしており、二明と楽しそうに銭湯で働いている。むしろ心配なのは、銭湯そのものの存続で、再開発のための取り壊し期限が迫っていた。

冒頭で驚きの発明品を語るも、後で借金取りに追われる男（演＝何冰）、コオロギ相撲に夢中の老人たち、微妙な問題で離婚の危機に瀕する中年夫婦、風呂場でしか歌を歌えない青年など、銭湯の常連客たちの個性はいずれも際立っている。そして誰もが、銭湯という場で、潤いや癒しを得ている。

ただ、遺憾でならないのは、それだけの価値がある銭湯でありながら、住民や劉老人の側に、なんとかそれを消滅から守ろうとする意識や動きが感じられないことだ。胡同の伝統文化全般に関しては、この映画が撮影された二〇世紀末以降、徐々に保護の動きが強まった。だが、個人でシャワー室を設置する家が増えたり、水不足対策として、営業用の水道料金が値上がったりしたこともあって、銭湯文化の衰退は、残念ながらその後も続いた。

ちなみに張楊監督は、この作品から一三年を経た二〇一二年に、老人ホームでの高齢者たちの生きがいを描いた、『**グォさんの仮装大賞**』（原題『飛越老人院』）を発表している。

ある老人ホームで暮らす老人たちは、集団でショーを演じることを楽しみ、テレビの仮装大会への出場を夢見る。だが、身内に万が一のことがあっては、と案じる家族は、遠出を禁じ、彼らを封じ込めようとする。そこである日、老人たちはその包囲網を突破し、憧れのテレビ番

◉『グォさんの仮装大賞』(監督 :張楊)

組に出演すべく、脱走する。

確かに、老人ホームにとって、高齢者の安全の確保は死活問題だ。だが、高齢者が求めているのはただの「保護」だけではない。ひたすら「安心」を求める保護者たちは、保護する側のおごりや身勝手から、事なかれ主義をドグマとした結果、かえって老人たちを不幸にしているのではないか。そういった問題意識は、もちろん、老人ホームに限ったことでなく、幼稚園や学校、ひいては秩序の維持ばかりを優先する管理社会全体にも広げ得るものだ。

深く印象に残るのは、生きがいを失った仲間たちの生活に活気をもたらし、皆を北京へと誘う老人、老周(チョウさん)の役を、晩年の呉天明が演じていることだ。老周は不治の病が悪化していることを隠したまま、仲間を北京に導くが、中国の映画人の育成に大きく貢献した呉天明も、この映画が封切られた二年後に心筋梗塞で亡くなる。その最晩年のメッセージは、彼の遺作、『百鳥朝鳳』からもうかがうことができる。

呉監督の『古井戸』で主役を演じ、出世作『紅いコーリャン』では制作費や審査の面で呉監督に大きく助けられたという張芸謀は、新華網のインタビューで、呉監督の晩年について語っている。その内容によると、若い世代と違い、映画への強いこだわりから流行を考慮した映画が苦手だということもあって、呉監督は晩年、「好きな映画を自由に撮れない」ことに悶々としていたという。映画基金や映画学院を自ら創設する夢も、経済的に余裕がなかったため、実現できないまま終わった。

つまり、映画『グォさんの仮装大賞』には、二重の意味と思いやりが込められている。現実の夢こそ叶わなかったが、映画を通じ、呉監督は仲間たちを、そして夢を見たくてもなかなか見られない多くの観客を、夢見る勇気へと導いたのだった。

老いゆく人々の時間

『胡同の理髪師』『私たち』『老那』

『胡同の理髪師』（原題『剃頭匠』二〇〇六年）は、九〇歳を越えても家々を訪問しながら理髪を行っている実在の理髪師、敬（チン）老人の姿を描きつつ、晩年を迎えた高齢者たちの境遇や心境を静かに伝えた半ドキュメンタリーだ。カメラは三輪車で顧客の家を回る敬老人本人の姿と、老人が日々交流する人々を、生き生きと映し出す。北京の路地、胡同で悠々自適ながらも、家族からは半ば見捨てられたような生活を送る彼らは、余命がいくばくもないことをつねに感じながらも、敬老人と会うのを生きがいにしている。敬老人は、客をみな分け隔てなく「一視同仁」に扱い、どんな相手とも、あからさまに対立したりはしない。だから、誰もが彼に癒され、喜んで彼の手に頭を預ける。

ここでは、理髪という職業は、人々が外見を整えることで気分を入れ替えるという、直接の効能をもつだけでなく、作中に出てくるモツ煮込み屋と同じく、人と人が触れ合い、互いに関心を払ったり言葉を交わしたりするツールともなっている。また、生涯をそれに捧げ、有名人をも顧客にした誇りをもつ敬老人にとっては、すでに生計の手段という次元を超えた、「生きること」そのものだ。

だが時の流れは、老人たちを無情にも、親しみ馴染んだ生活空間や、隣人関係から引き離し、敬老人の顧客は櫛の歯が欠けるように減って行く。再開発による取り壊しも、彼らが生きる空間をせばめつつある。だが、若い世代に対しても、取り壊しを行う政府に対しても、老人たちは相手の立場を思いやる懐の広さを示す。それがかえって、彼らを「置き去り」の状態に甘んじさせているのにも関わらず。

作品の時空を豊かにしているのは、実際の時の流れと「微妙に」かみ合わなくなった古時計だ。敬老人の命や置かれた状況を象徴する存在だが、あえて、まるで老人とともに暮らす伴侶であるかのような、とても分かりやすいメタファーになっており、老人が自分の使命を知り、人生ときちんと向かいあっていることを感じさせる。

もう一つ、胡同に住む独居老人の暮らしを描いた傑作がある。馬儷文監督の名を世に広く知らしめた、**『私たち』**（原題『我們倆』二〇〇五年）だ。

最初にこの映画を観た時の驚きは忘れられない。繁華街の老舗映画館での上映だったが、平日昼間だったためか観客は五人のみだった。いよいよ映画が始まると、私はあまりの偶然に驚いた。雪の中、はるばる自転車を漕いでやってきた主人公が、なんと私の当時住んでいた胡同に入って行くではないか。つまり、自宅のすぐ隣でロケの一部が行われた作品だったのだ。

それは私にとって、映画の世界が私的な現実の生活とつながっているように感じられた、とても特別な瞬間だった。実際の胡同生活でも、家を借りる交渉をする際などに、作品で描かれているような独居状態の高齢者と、しばしば出会っていたからだ。

学校に通うために北京を訪れた女子学生、小馬（演＝宮哲）は、なんとか四合院の片隅に下宿先を見つける。だが、家主の老婆（演＝金雅琴）は、長い孤独な生活の中で、動かし難い生活リズムと頑なな価値観を身につけていた。その結果、若く溌剌として自由気ままな小馬とは、生活のさまざまな面で衝突してしまう。だがある誤解が解けると、二人の距離はぐっと接近していく。

愛情と縁が薄く、孤独の殻に閉じこもってしまった老女と、その殻をやぶった学生。本作はそんな対照的な二人の女性が深く心を通わせていく過程をみずみずしく描写している。女性の生き方、「老い」の問題についても深く考えさせられ、余韻豊かだ。

日本でも借主が家主と交流する機会は多いが、ここまで深く関わり合うケースはまれだろう。特に後半は、老婆の愛情への渇望に満ちたまなざしが、静かに涙を誘う。作品を支える、冬から翌年の冬までの、四季に沿った簡潔なストーリー展開、そして北京の伝統建築、四合院の生活をめぐる描写なども魅力たっぷりだ。

老婆役の金雅琴は、この作品によって東京国際映画祭で最優秀主演女優賞を獲得した。彼女は目も耳も不自由ながら、一生演じ続けるという座右の銘を胸に奮闘し、演劇史に貴重な足跡

◉『老那』(監督：劉浩)

を刻んだ。残念ながら本稿の推敲をしていた二〇一六年六月に九一歳でこの世を去ったが、心から冥福を祈りたい。

『ようこそ、羊さま。』などの素人俳優を上手に生かした作品で知られる劉浩も、二〇一〇年に高齢者の日常生活をテーマにした作品『**老那**』(主演：牛恩普、姜美華)を撮っている。しかもその内容は老人の恋愛問題にまで踏み込んでおり、野心的だ。

主人公の老那(那爺さん)は、まあまあの生活を送っている独居老人だ。普段は独りとはいえ、子供たちや孫が時々訪ねて来てくれる。だが、心はどこか満たされない。そんなある日、かつての恋人が近所に戻って来ていると知る。

『グォさんの仮装大賞』でも描かれているように、「孝行」を重んじる文化をもつ中国では、高齢者はかえって一方的な保護の対象にばかりされがちだ。だが、人は年を重ねてもすべてが衰えるわけではなく、恋愛だってする。しかも、不倫、暴力、出世競争、功利主義などが絡み合い、どんどんと複雑化する現代の人間関係の中にあって、時にはむしろ若い世代以上に純粋で思いやり深い心の絆を築きあげていく。

双方の家族の強い反対や、「年甲斐もなく」という東洋的常識、そして失恋のリスクなどそっちのけの老那の求愛行為は、手段を選ばない一途さゆえに一見滑稽だが、同時に老那の強い孤独感をも感じさせ、痛々しい。やっと交際が許可されても、老那とその恋人は、今度は「老い」が無慈悲にもたらす認知症と闘わねばならない。

作品には、老いゆく人の時間だけでなく、都市の経た時間も織り込まれている。改革開放後に登場したはずのケンタッキーが老那の目には「老舗」と映るほど、北京の変化は激しい。このケンタッキーを含め、老人二人がデートをする場所は、幼稚園や公園など、子供や若者向けの場所ばかり。それは本来、どの都市や村にもあったはずの、「老人が憩える場所」の消失を象徴している。

現代の都市がいかに老人を置き去りにしてしまったか。それは、老那の心の孤独ともリンクしていて、深省を促す。

理不尽な社会を生きる

『スケッチ・オブ・Ｐｅｋｉｎｇ』『わが家の犬は世界一』『Ａ面Ｂ面』

『スケッチ・オブ・Ｐｅｋｉｎｇ』（原題『民警故事』一九九五年）は、『北京好日』に続く、寧瀛監督の「北京三部作」のうちの一作で、「民警」とは人民警察の略称だ。

警察というと、中国では何かと物騒なイメージがつきまとうが、この映画の主人公はむしろ「おまわりさん」だ。中国で日常的に起きている些細な犯罪にてんてこ舞いの巡査たちの日常を追ったこの作品は、「民を守る」ために功績まで立てた警官が、しまいには「民を殴る」という暴力行為に駆り立てられる経緯を、冷静な目で描き出している。

私がこの作品を目にしたのは、北京での小規模な上映会においてだったが、会場を訪れた監督自らの話では、『スケッチ・オブ・Ｐｅｋｉｎｇ』で巡査役を演じたのは、主人公も含め、みな本物の警官なのだそうだ。公安局からの要求とも関わるらしいが、誰かが「本物の警官はどんな役者の演じる警官よりすごいから、ぴったりだぞ」、と冗談まじりに奨励したのだという。ちなみに、ここで使われた中国語の「すごい（厲害）」には両極端の意味があり、「ひどい、きつい」という意味でもよく使われる。

警察が警察を演じていながら、監督自身の定義によれば、本作はドキュメンタリーではない。それは「写実的な描写の中に、とても主観的なものを込めている」からだと言う。

いいスパイスとして、作品に味わいを添えているのは、合間に挟まれる、いかにも北京っ子らしい、ユーモラスな北京弁の台詞だ。北京出身の監督の作品だからだろう、と思いがちだが、寧監督によると、北京出身ではあっても、下町育ちではなく、北京方言には聞き取れない言葉も多いため、地元の人たちの会話を録音したものを、丁寧にテープおこししながら勉強したという。寧瀛監督の作品の特徴は、一見単純に見える物事の中に深い意味が隠れていることだが、一つ一つのセリフにこだわる繊細さも、そんな作品の底力を支えているのだろう。

確かに、スリから殺人事件まで、大小さまざまな事件を根気よく取り締まらねばならない警官は大変だ。だが、理不尽な規則が多い社会では、管理される庶民の方だって楽ではない。路学長監督の『**わが家の犬は世界一**』(原題『卡拉是条狗』二〇〇三年)は、公安局から愛犬を奪回しようと奔走する、緊張の一八時間を描いた名作だ。

老二(ラオ、演=葛優)は、何もかもがぱっとしない中年男。収入も高くはなく、妻の玉蘭(ユイラン、演=丁嘉麗)に生活を切りつめさせては、なんとか暮らしを立てている。家族に対して威厳を失った彼にとって、唯一の慰めは犬のカーラとの時間。だが北京では、ペット犬の管理が厳しくなり、未登録だったカーラは公安の檻の中に入れられてしまう。

その後の家族の行動は、一見バラバラに見えるが、原動力はいずれもカーラや父親への思い入れだ。その無駄ともいえる「あがき」の過程で、コネの重視や、人の情と法律との関係といった、中国社会の様々な特質が浮かび上がる。傑作なのは、籠に入った犬を抱えた犬の不法販売者たちが、檻のようなトラックの荷台で運ばれるシーンだ。ここで、犬と人間の置かれている状況のイメージがふと重なる。

観直すたび、思わぬ場面に込められていた深いテーマの意味が、新たに胸にじわりと広がる。そんな意味で、本作は繰り返し観れば観るほど味わいを増す、スルメのような映画だ。そして締めくくりには、思わず「本当?」と、ニヤリとしてしまう。

理不尽な拘束を受けるのが、人間ばかりとは限らない一方で、不当な拘束をする側も公安ばかりとは限らない。一部に倫理観の欠如した医療従事者がいる社会では、精神病院も人々を裁き、拘束する場となり得る。

二一世紀の最初の一〇年が過ぎようとする頃、中国では「精神病院」の不当な使い方が強い関心を呼んだ。利害関係を暴力的に解決しようとする者が、医療関係者と結託し、自らに都合の悪い者を不当に拘束する場として精神病院を利用したからだ。「精神に異常をきたした」として拘束された者は、不必要な電気ショックや薬物の投与により、その発言や抗議、ひいては存在そのものを抹殺された。リンチの被害者は、遺産の相続人や不動産の権利争いの当事者、

◉『A 面 B 面』（監督：寧瀛）

および企業や政府関係者の利益を損なった者などに及び、「被精神病（精神病にさせられる）」という流行語さえ生んだ。

そんな社会の空気を鋭敏に読み取り、風刺の効いた泣き笑いのコメディとして結晶させた作品が、寧瀛監督の『**A面B面**』（二〇一〇年）だ。

物語は、精神病の専門家で、持論をストレートに言いすぎてしまったために、精神病院に入れられてしまった大学講師、陳聡明（演＝王洛勇）の理不尽な境遇から始まる。実はこの冒頭の精神病院の描写は最初の見どころで、院内で展開されるシュールなやりとりが、「人はみな精神病患者と紙一重」という陳聡明の自説をコミカルに証明していて、暗示に富む。

ストーリーは次に、実在の人物をモデルにしたと思われる富豪、蕭春蕾（演＝陳暁東）の、ほぼ一夫多妻制に近い家庭生活に及ぶ。

漢方関係の健康食品のビジネスで財をなした蕭春蕾は、前妻との間の娘が尿毒症に罹ったと知り、前妻に高額の治療費の負担を約束する。だがそれは、彼の後妻でCMモデルの柳悦（演＝張静初）との、「金銭的利益」だけでつながれた夫婦仲を危機へと押しやる。柳悦の元夫で、柳悦に未練たっぷりの梁海潮（演＝袁文康）の出現も、その亀裂をさらに深める。陳聡明が入院する精神病院で働いていた梁海潮は、陳から「ある薬を飲ませれば、誰でも精神病になる」と聞くと、柳悦を通じて同種の薬を蕭に飲ませる。やがて同じ病院に入院することになった蕭春蕾を見て、梁への入れ智恵を後悔した陳聡明は、蕭を救おうと策を練る。

こういう「コミカルに見えて実は重たい」テーマは、通常中国では、ハッピーエンドにしなければ検閲も、そして大半の観客も納得しない。案の定、ラストでは、すべての問題が「おめでたく」解決してしまう。

いずれにせよ、馮小剛監督の『ハッピーフューネラル』ですでに超法規的空間として描かれていた精神病院の、この作品における「さらなる無法化」は、一つの象徴にすぎない。それは正義を問う声や社会を改革する動きを恣意的に遮り得る存在が、志ある人々のごく身近に存在していることを連想させ、現代の日本でも不気味なリアリティがある。

軽やかで、したたかなラブコメ

『狙った恋の落とし方。』『狙った恋の落とし方。2』

『戦場のレクイエム』でまっとうな戦争映画を撮るという限界に挑んだ馮小剛監督が、軽やかに恋愛コメディの世界に戻ってきた**『狙った恋の落とし方。』**（原題『非誠勿擾』二〇〇八年）は、いわば昔の映画仲間に対する、馮監督の懐旧の念を感じさせる作品だった。

ある投資家にその突出した発明の才が買われ、一夜で巨万の富を手にした秦奮（演＝葛優）は、結婚相手を募集し、独身生活に終止符を打とうと目論む。様々な女性との見合いを経て、秦が最後に心奪われたのは、美女の梁笑笑（演＝舒淇）だった。だが、不倫関係に悩むという暗い過去を引きずった梁笑笑は、秦の人柄に惹かれつつも、なかなか心を許さない。

風刺のきいた台詞の数々、損得勘定で動く社会を、巧みに男女の恋愛関係にオーバーラップさせる機知、そして北海道の美しい風景など、魅力的な要素が多い一作で、都会の男女の多様な生活スタイルの描写や金融危機の到来に合わせて撮り直されたというエンディングも時代の空気を感じさせる。そして本作にも、社会にありふれた、ちょっと不器用だったりする人々を、斜に構えてじっくり観察しながら、でも根っこでは愛している、といった温かみがある。

何より痛快なのは、「羽目を外して、自分が撮りたいことを撮ってやれ」という潔さが全編に漲っていることだ。冒頭でモンタージュ的に戦争のきな臭さを垣間見せた後は、お見合いの形で美女を次々と登場させ、中盤では広大な癒しの大地へと旅立つ。秦奮たちが北海道の居酒屋に繰り出すシーンでは、美人四姉妹や仮装した秦奮の「ヒゲ親父」姿まで登場させている。秦奮は、いかにも一般の中国人男性が日本の女性に対して抱きがちな妄想を大全開して、ずっこける。でも、決して下品になっていないのは、妄想通りの日本人女性などもういない、という冷めた目と、四姉妹の生き方への肯定的なまなざしを感じるからだろう。

もっとも、かつて雑誌『三聯生活週刊』で読んだインタビューによると、馮監督もなかなかやりたい放題というわけにはいかないようだ。検閲や採算との絡みで、本来もっと撮りたかった戦争映画はもう完全に放棄したらしく、「今の状況では、恋愛モノしか撮れない」といった弱音まで吐いている。

ところがどっこい、馮監督の描く「恋愛モノ」は、単純なラブロマンスではない。

例えば、キーアイテムとなっている、じゃんけんを公平に行うための発明品、「争端解決器」などには、なんとも言えない風刺が効いている。社会は公平なんかじゃない、悪知恵を蓄えてどんどんずるくなる大人は、じゃんけんでルールを守る子供にも劣る。だから和解や協調性がこんなに悲願となるんだ。そういった監督のメッセージが、愚直なほどの直球でストンと伝わってくる。

結局のところ、大人の「打算」はなくならず、社会は混沌としたままなのだが、作品の焦点がその混沌からそらされることはない。やはり「公平」であることが難しい恋愛物語へと焦点をシフトさせ、男女の微妙な関係をユニークな物語へと紡ぎ上げていく。

馮監督と作家王朔の名コンビが復活した続編の**『狙った恋の落とし方。2』**(原題『非誠勿擾Ⅱ』二〇一〇年)でも、展開されるのは笑笑と秦奮のじれったい関係だ。

傷心旅行から帰り、愛人への未練は断ち切ったものの、結婚後に二人を襲うであろうさまざまな「現実」を思い、結婚に希望を抱けずにいる笑笑と、本心では笑笑を愛しつつも、それゆえに無理強いができない秦奮。それなりの年齢になり、結婚を急ぎたい秦奮の思いとは裏腹に、笑笑の秦奮への気持ちはいつも「好感」止まり。そんな二人は、美しい別荘で、結婚後の関係を想定した「結婚シミュレーション」生活を始める。

作中の人間関係はポリフォニー的で、二人の恋とは直接関わりをもたない個性的な友人たちが、さまざまなユニークなことをしでかし、二人の関係に微妙な影響を及ぼしていく。「春節」映画でありながら、派手に離婚や人生との別れを取り上げたり、人の死の尊厳といった問題に取り組んだりするなど、本作でも反逆精神は健在だ。そもそも喜劇と悲劇は紙一重だが、物語のプロットはその間を自由に行き交い、ばかばかしさの中に人生のペーソスを、喪失の痛みの中に諧謔性を忍び込ませている。

中でも大きなウェイトが置かれているのは、不治の病を患った李香山（演＝孫紅雷）の生前告別式のシーンだ。日本では生前葬は伝統もあり、珍しくはないが、中国ではまず前提として、ブラック・ユーモアとしての意味合いを帯びる。実際、ネットではその後、このシーンのパロディが流行し、ネット墓誌銘なるものまで生まれた。

そもそも、人生の最期をどう迎えるべきかという問題は、馮映画が繰り返し追ってきたテーマの一つだ。

仏教やキリスト教などの信徒が急速に増えている近年の中国では、人々の死の捉え方はとっくに唯物主義では括りきれなくなっている。そんな中、一人一人がどうやって自分らしい死を迎えるかという問題は、実はけっこう古くて新しい問題だ。

そのため、李香山の観ていて照れくさくなるほど心のこもった「人生告別会」、つまり「生前告別式」であっても、中国では「新しい死に方スタイルの提案」のような意味合いを帯びる。実際、その後本当に行う人が増えたため、某メディアで医療の専門家が「気分が消極的になり、うつ病になりやすいので控えるように」というアドバイスをしていたほどだ。

李香山の娘、川川は告別式でこんな風に始まる詩を読み上げる。

あなたが私を見ても　あるいは見なくても
私はそこにいる

悲しむことも、喜ぶこともせず

あなたが私を思っても　あるいは思わなくても

気持ちはそこにある

訪れることも、去ることもなく

このようにキーワードを替えて繰り返される詩は、実は三〇〇年前のチベット族の詩人でダライラマ六世のツァンヤン・ギャムツォの詩とザシラム・ドド（音訳）の詩を組み合わせたものだと言われている。つまり、文学的であるだけでなく、宗教性も帯びた詩で、いかにも告別式にふさわしい。

だが実際には、中国でこのような幸せな死に方ができる人はどれだけいるだろうか。

いざ危篤になってしまったら、映画の中で李香山もそれを恐れているように、延命に固執するあまり、死を待つ人間を医療漬けの、尊厳を失った状態にしてしまいがちだ。

近年は、地価の高騰や墓地そのものの不足により、ようやく死に至っても、入る墓がない人が増えているという。そのため政府は墓地の面積を節約できる火葬を強く推奨しているが、農村部ではまだ土葬を望む人が多く、制度と人々の要望は釣り合っていない。李睿珺監督の映画、『告訴他們、我乘白鶴去了』（二〇一二年）には、死んでも土葬にしてもらえないと知った老人が、自らを土の中に生き埋めにしようとするシーンさえある。

つまり、尊厳があって心がこもり、精神世界の安らぎも得られる生前葬というのは、今の中国においてはとても贅沢で夢あるものなのだ。そう考えると、『狙った恋の落とし方。2』も、『夢の請負人』の精神を受け継ぎ、人に夢を与えるというお正月映画の使命を全うしていることになる。

一年の頭に葬式の夢を売るなどという、シニカルなお正月映画ではあるが、美しい海南島や慕田峪長城の風景、そして、壮大な空や海の景色など、劇場の観客向けの視覚的サービスは満点だ。そして、その壮大な風景と人の心の機微の細かさや人生の有限性がせつない対比になっていることも、映像の印象をぐっと深めている。

6——つながる世界と人、または表現の地平線

マイノリティへのまなざし

『インペリアル・パレス』『ブラインド・マッサージ』

中国映画というと、とかく規制ばかり強調され、発禁映画であることが国外では宣伝文句になってしまったりするが、細かく追ってみると、一部の内容については、表現の幅は、たとえわずかであれ確実に広まってきている。

陳凱歌の『さらば、わが愛／覇王別姫』を例外として、王家衛の『ブエノスアイレス』や関錦鵬の『藍宇～情熱の嵐～』、陳正道の『花蓮の夏』など、同性愛を描いた映画に関しては、長らく香港や台湾の作品が代表作を占め、大陸の映画は存在感が薄かった。大陸では香港や台湾と比べ、まだまだLGBTの認知度が低く、その表現に関しても、得られるべき権利をまったく得られていなかったからだ。だが実はアングラのレベルでは、大陸でも王小波の小説『似水柔情』を原作にした張元の『**インペリアル・パレス**』(原題『東宮西宮』一九九六年)を皮切りに、同性愛者の境遇に表現の自由を重ね合わせた劉氷鑑の傑作、『男男女女』(一九九九年)、崔子恩のドキュメンタリー作品、『誌同志』(二〇〇九年)などの野心的なインディペンデント映画が生まれている。また王超の『尋找麦卡尼』(二〇一五年)に関しては、まだ公開はされていないものの、厳しい検閲を通ったことが、映画関係者の間で話題になった。

かつて同性愛者が出会いを求めて集まることで名を馳せた、北京の紫禁城近くの公園の公衆トイレを舞台にした『インペリアル・パレス』は、社会の片隅で沈黙を強いられている同性愛者たちの生きざまと内面を、印象深く綴っている。彼らを捕まえて、サディスティックな快感を得ている警官小史（演＝胡軍）と、わざと捕まって尋問を受け、小史を自らの本性に目覚めさせていく作家阿蘭（演＝司汗）のサド・マゾ的関係の描かれ方にはリアリティがあり、さすが原作者の王小波自身が脚本にも関わっただけのことはある。もっとも張元監督によると、やはり原作の映画化の過程で、現実的条件に阻まれ、表現したくてもできなかったことは多かったのだそうだ。


その後も、正式に上映される映画では、同性愛者は脇役で出るのがせいぜいだったが、婁燁の発禁映画『スプリング・フィーバー』（原題『春風沈酔的夜晩』二〇〇九年）は一定の反響を呼んだ。この他では、著名なロック歌手の崔健の映画初監督作、『藍色骨頭』でも、象徴的なダンスシーンによって、同性愛的な関係がはっきりと描かれている。こちらは中国国内でも正式に上映された。

レズビアン映画も、数こそ少ないが、ないわけではない。国内での公開は無理だったが、李玉監督の『残夏』（原題『今年夏天』二〇〇一年）は、レズビアンをテーマにした大陸初の長編映画だとされている。香港の王穎監督による米中合作の『雪花と秘文字の扇』（原題『雪花秘扇』二〇一一年）も、一九世紀の湖南省と現代の上海の二世代にわたる女性同士の交流を描いた作品だ。重要なモチーフとして、湖南省のチワン族の女性だけの間に伝わり、時には半ば夫婦のように心を通い合わせられる文字、「女書」の存在が生かされている。李冰冰、全智賢といった女優のスター性に依存した、ハリウッド風の「エキゾチック・チャイナ」的作品ではあるものの、婉曲的にではあれ、女性同士の恋愛感情を描いた映画が中国国内で正式に公開されたのは、画期的だった。

確かに中国において検閲の存在はまだまだ多くの自由な表現を抑圧している。だが少なくとも映画の世界に関しては、必ずしも描かれる内容が萎縮の一途をたどっている訳ではない。例えば、政治的な締め付けや自己規制がひどくなり、『罪の手ざわり』が上映禁止になった二〇一三年以降、つまり検閲の厳しさで社会がますます息苦しさを増していた頃でさえ、性表現に関してはむしろ大胆な作品が増え、翌年には視覚障害のあるマッサージ師たちの性欲を描いた**『ブラインド・マッサージ』**（原題『推拿』二〇一四年）がロードショー上映された。婁燁作品独特のたゆたうようなカメラワークを駆使したアーティスティックな作品ではあるが、R指定などない中国では、大胆な決断だったといえる。

『ブラインド・マッサージ』は大きな難題にチャレンジした映画だ。基本的には視覚的効果を

◉『ブラインド・マッサージ』(監督:婁燁)

追求していながら、目が見えない人々の感覚もなるべく忠実に再現しようとしているからだ。「音の効果」を効果的に織り込むことで、観る者を視覚障害者の生活感覚に導く工夫も凝らされている。

恋心という普遍的な感情とそれが生む関係を軸に、作品は舞台が「マッサージの場」であることとさして関係がなく進んで行く。あえていうなら、マッサージ屋は、彼らがお金を稼いで夢をかなえる理想的な場である反面、集団生活をしながら退屈な毎日を過ごす、単調で閉じられた空間であって、中国社会にありがちな職場の象徴にすぎない。「マッサージ」そのものがもつ特殊な文化的要素の切り捨て方は、潔いほどで、彼らの日常を私たち自身の日常に近づける効果を生んでいる。

強い印象を残すのは、映像がもつリアリティだ。焦点をぼかし、周辺をぼかし、明るさをぼかし、平衡感覚をあいまいにしている。それは「美しい／美しくない」、「見える／見えない」、「愛する／愛さない」の境とは何か、そんな基本的な問いに、あえてこだわり続ける人々の在り方と響き合っている。問いに答えはない。だが、視覚を持たぬまま、視覚のある者とともに生きる彼らは、ついイエスとノーの「境界」を引いてしまう。でも本来なら、べつにあいまいでもいいのだ。

「見えない」こと、「聞こえない」ことは、社会生活を営む場合、どう考えても不便には違いない。でもそれは、「健常」とされる者たちが社会のあり方、とくに価値体系を決めてしまったからだ。だが、障害者には障害者ならではの社会の捉え方、価値体系があっていいのではないか。本作を観ると、そんな疑問が、脳裡をよぎる。

心や身体に障害を持つ人を重点的に描いた作品には、この他、知的障害者を描いた張元の『媽媽』や精神病棟を舞台にした王兵のドキュメンタリー、『収容病棟』（原題『瘋愛』二〇一三年）などがあるが、いずれも大陸では一般公開されていない。もっとも陳卓の『楊梅洲』（二〇一二年）は、小規模上映ながら、映画館で観ることができた。『ブラインド・マッサージ』と同じく聾啞者が主人公だが、こちらは完全なアウトサイダーで、家族にさえ見放されかけている。だがそれゆえに、社会と対置された存在としての彼らの感覚や境遇を切実に感じとることができる。

海外という「仮想ワールド」

『二弟』『アメリカン・ドリーム・イン・チャイナ』『世界』

一九八〇年代以降、中国映画は作品の内容においても、また制作のプロセスにおいても、世界に開かれていく。だが当初、一般の多くの人にとって、海外はまだ遠く、合法的に渡航できた一部のエリートや富裕層を別としては、不法移民たちが稼ぎに行く場所だった。彼らの移住を助けたのは、日本でも有名な「蛇頭」と呼ばれる闇の斡旋会社だ。とくに福建省などの沿岸部には、大金を払ってでも移民を希望する者が多かったという。そんな時代の農村の青年の生きざまを描いた王小帥の『**二弟**』(二〇〇三年)は、国内上映こそ許可されなかったものの、村の閉塞感と、海外に活路を見出そうとする青年たちの執念を生き生きと描いた名作だ。

二弟(演＝段奕宏)は、密航によってカリフォルニアで働いていたものの、やがて強制送還されてしまう。帰国の原因は、勤め先のレストランのオーナーの娘との間に子供を設けてしまった後、その子に自分が父親だと認めさせようとしたことだった。二弟を子供の父親と認めたくない妻方の家族が激怒し、密入国を告発したのだ。その後、故郷の村で暮らしていた二弟は、自分の息子が一時的に帰省していると知り、必死で会おうとするが、アメリカ合衆国の法律により、会わせてもらえない。

興味深いのは、米中の制度の違いが生む摩擦が描かれているだけでなく、合法的な移住者の家族の高慢さの中に、海外の華人の間に生まれている格差や、その格差に由来する差別意識が垣間見えることだ。

密航者を再び出さないようにしたい役人から、二弟は教訓のために海外での苦労を皆に語るよう、強制される。だが、二弟は一言も語らない。英語を話せぬまま密航した者にとっては、海外もやはり華人社会であり、苦労があってもそれは華人社会からもたらされるものだ。そして本当の苦労は、差別や偏見や機会の少なさから生まれるものであり、それは国内も国外もそう変わらない。もちろんこの沈黙には、海外を「夢ある場所」として描くことを禁じられた、中国国内の映画制作者のジレンマも投影されているだろう。

息苦しさを覚えた二弟は、息子に会うため、ふたたび密航を企てる。海外にはまだ夢を見る余地があり、息子はすでに海外に移ってしまった「情」や「希望」の象徴でもある。移民を乗せた小さな舟の中は、仮想された海外のイメージに満ちており、二弟は複雑な思いを抱きながら、そのイメージにふたたび身を委ねる。

『二弟』の主人公は完全な不法移民であり、ゆえにアメリカでも社会の底辺に追いやられたが、かといって合法的に渡米した留学生が楽だったのかというと、けっしてそうではなかった。陳可辛（ピーター・チャン）の『**アメリカン・ドリーム・イン・チャイナ**』（原題『中国合伙人』二〇一三年）でも描かれているように、合法的な留学であっても、というよりむしろ合法的であればこそ、手続きは煩瑣で、渡米の敷居は高かった。また、いざ留学に成功しても、アメリカでの暮らしは楽ではなかった。

だが、『アメリカン・ドリーム・イン・チャイナ』の中のアメリカ像がそれ以前と違うのは、「夢を叶える場所」という、本来のイメージに近いアメリカ像が投影されていることだ。中国で留学希望者を相手にした民間の英語学校を立ち上げた青年たちをモデルにした同作では、一九八〇年代にアメリカに憧れ、アメリカ留学を志した青年三人の夢と友情が描かれている。留学に成功しても、失敗しても、青年たちは前進を続ける。アメリカ留学がかなりの狭き門であるという状況の下では、青年たちはアメリカン・ドリームというよりは、「英語ドリーム」にすがることになる。夢ばかりが先走りし、実際には国内に留まることを余儀なくされた者たちにとって、想像の中のアメリカは、英語という言語だけによって成り立った、理想郷だ。ちなみに本作は、八〇年代のエリート学生たちの生活描写や、当時の彼らの欧米観、そして各年代の社会の空気が、流行した歌曲とともに描写されているという意味でも興味深い。

一方、「海外」を、夢想こそされるが、徹底的に実感を伴わない「仮想ワールド」として描いている作品が、賈樟柯の『**世界**』（原題『世界』二〇〇四年）だ。改革開放後の中国の記録者として、作家性の強い作品を当時すでにいくつか発表していた賈樟柯だが、彼が観客のもとにきちんとメッセージが届くよう意識しながら時代の記録を始めたのは、『世界』に始まるように思う。

新しい時代に向き合うことになった若者たちの戸惑いを描いている面から見れば、『世界』は前々作の『プラットホーム』を受け継ぐものだ。

『プラットホーム』では、国のプロパガンダと地域住民の娯楽を担う国営の演芸集団であった文工団が、時代の変化によって個人に払い下げられる。観衆の関心を引きとめるため、団員たちは演目にフラメンコを取り入れたり、ロックの練習をしたりはするものの、即席の国際化だけでは、映画などの他の娯楽の多様化には抗しきれない。残るべきか、去るべきか。残っても、このままで生活していけるのか。若者たちの不安と戸惑いがせつなく胸に沁みる。

『世界』のカメラが捉える「世界」も、都市に設けられた世界公園を埋める、即席の風景だ。実際の主要ロケ地は違うが、映画では北京の公園ということになっている。園内には、世界の著名建築のミニチュアがずらりと並び、参観者はインドからイギリス、イタリアまで、数十分で世界を一周できてしまう。だが、そこで働く人々は、世界を訪ねるどころか、飛行機にも乗ったことがない。

わずかにある海外との接点といえば、密航、出稼ぎロシア人、そしてデザインを盗むための海外のファッション誌などだ。自由に海外に出たいと願いつつ、かりに出たところで生きるのは決して楽ではないことも承知している。だが、閉塞的な日常の中、どこかに夢を求めざるを

◉『世界』(監督：賈樟柯)

得ない。

時にあからさますぎるほどの隠喩と対比は、いかにも賈樟柯映画だ。アニメの自然な挿入や虚と実の絶妙なミックスなど、実験的要素も目立つ。だが、現実社会の矛盾を見つめる視線の方も研ぎ澄まされており、貧しさゆえに金銭に縛られ、過重な労働を自らに課した出稼ぎ建設労働者が、事故に遭い、細かな借金の内容を遺言のように書き残す場面などは、実話を脚色したものだけあって、胸を打つ。浙江省出身の出稼ぎ労働者が集まる「浙江村」にモデルをとったらしきシーンもある。

どの社会でも同じだろうが、出稼ぎ労働者の厳しい現実を描いた映画を、たいていの場合、労働者たち自身はかえって観たがらない。彼らにとって映画は現実を忘れるためのものだからだ。まるでその限界に抗うかのように、『世界』

ではショービジネスが華やかに再現される。半分諦めながらも、夢を見ざるを得ない人たちの視線を追うかのように。

この映画によって、賈監督の映画は初めて、映画が持ちうる社会性、芸術性、そして商業性をバランスよく備え、一般的な劇映画として、多くの人の鑑賞に堪えるものになった。

多くの中国人が海外旅行できるようになった今も、インターネット空間やイデオロギー、アイデンティティのレベルでの「境界」はまだ、多くの中国の人々の生活や心の中にある。そして逆説的ながら、そういった境界があることのジレンマは、国境を越えて共有できるものだ。世界全体が閉塞感に包まれている今、この映画のテーマは、むしろ普遍的な価値を高めているのではないだろうか。

見られる側としての中国

『ハッピーフューネラル』『無窮動』

二一世紀初頭の中国は、すでにグローバリゼーションの流れにどっぷりと身をゆだねていた。二〇〇一年末にWTOに加盟して以降の中国は、世界各国との貿易上のつながりを強め、マクドナルドやケンタッキーも急速に店舗を増やした。二〇〇八年に北京でオリンピックが開催されることになると、中国への関心が世界規模で高まっていたこともあり、日本のメディアも次々と中国文化関連の特集を組んだ。

そんな二〇〇一年という年に馮小剛監督の『**ハッピーフューネラル**』（原題『大腕』）が公開され、人気を集めたのは、けっして偶然ではないだろう。なぜならこの映画は、当時の中国で顕著だった、「外の世界を自分の目で確かめるのは難しいけれど、少なくとも自分の方は世界から見られている」といった自意識の高揚をシニカルに戯画化しているからだ。しかも大胆なことに、中国を見つめるのは、ハリウッドの巨匠だ。

ストーリーは以下のように始まる。

ハリウッドで活躍する世界的に著名な監督、タイラー（演＝ドナルド・サザーランド）が『ラスト・エンペラー』のリメイクのために北京を訪れた。だがスランプに陥っているタイラーが何を撮るべきか決められないため、撮影は遅々として進まず、スタッフは焦りを募らせる。そんな時、監督の信頼を得たカメラマンの尤優（ヨーヨー、演＝葛優）は、中国では七〇歳を越えた老人は、長寿を祝う祝いの儀式、「喜葬」であの世に送り出されるのだと語る。その話を気に入ったタイラーは、自分も喜葬で葬って欲しいというビデオを残し、そのまま発作を起こす。意識不明に陥ったタイラーを前に、尤優らは監督の遺言通り、喜葬を実現させるため、奔走し始める。

タイラーは、ベルトルッチの描いた『ラスト・エンペラー』、そしてその西側にもたらしたステレオタイプな中国イメージに批判的な目を向けつつも、彼自らは作中の「ラスト・エンペラー」と中国人の一般庶民の目に映る「皇帝」のイメージとのギャップを、うまく埋めることができない。そのため、タイラーは体を張り、自らを「ダシ」にする。つまり前代未聞のお祭り騒ぎのような葬式を準備させるという形で、中国の生々しい現実をあぶり出す。そして最終的に自らも満足する「真実の中国を描いた」作品を完成させる。

葬式準備のドタバタ騒ぎの中で露わになるのは、当時の映画界が飲みこまれつつあった商業主義の非情で滑稽な一面だ。大物監督が死んでも、その死を惜しみ、悼む余裕などまるでなく、人々は作品に投入された資本や作品の経済的価値などの問題に振りまわされる。ちなみにその中では、日本人も投資する側として登場し、「利益優先」の行動をとる。巨大な資本が動く映画界では止むを得ないとはいえ、なんとも味気ない。だが、作品の面白さは、そういう構造を外から嘲笑うだけでなく、「逆転の発想」で立場をあっさりと入れ替え、笑い飛ばしているところだ。つまり、実際にタイラーの世話をしていた尤優らは、葬式をしようにも資金がないことを知った途端、投資者ら以上に徹底的にタイラーの死を利用し、その葬式によって、がめつく広告費を稼ごうとし始める。その「絞り取り」具合は、道徳的にも手法的にも荒唐無稽なほどで、広告業界との緊密なタイアップを始めた当時の中国の映画界を徹底的に皮肉っている。

絶妙なのは、がめつさはあくまで葬式の資金稼ぎのためにすぎず、究極的な責任者である尤優自身は、飄々と、ほとんど無私の境地で一切を眺めていることだ。ほんとうに無私なのかどうかは、ちょっぴり疑わしいのだが、少なくとも稼ぐのが自分の金だとは思っていない。だから、そもそも無茶な方法で広告集めをしていた上、最終的に実はタイラーは死んでいないことを知ったルイスと尤優が、精神病院に入ることになった時も、尤優の頭は冷めたままだ。演出を担当していたルイスの発狂は、商業主義にどっぷり浸かりきっていたがゆえに、正真正銘のものだが、尤優は借金の取り立てを免れるために狂った「ふり」をしているにすぎない。そもそもからして「お遊び」的な試みだから、本気で失敗の尻拭いをする気などないのだ。

要するに、尤優の存在には、芸術的創作を行う者の冷めた目が寓意されている。その一方で、葬式全体の構図は、いくら市場経済が導入されても、枠組みや建前としてはまだ一応、私利私欲を排する建前の社会主義が取り仕切っているという意味で、中国的資本主義のカリカチュアだ。

タイラーの存在は、大規模な商業映画が勃興していた当時の中国で出現し始めていた、「自分では気に入らない、良いと思えない」映画を撮らざるを得ない監督たちと対置されている。中国語タイトルの『大腕』とはいわば凄腕の大家を指す言葉で、ここから、本物の監督とは自分で本当に納得できる作品を撮るものだ、という馮監督のメッセージが読み取れる。だがその後の数年間に、中国の商業映画のスケールは加速度的に拡大し、いわばアート系映画の監督だった張芸謀、陳凱歌、ひいては顧長衛までもが、次々と商業的要素の強い作品を打ち出していく。本作がそんな動きにのみ込まれていく中国映画界の「イントロ」的な役割を果たしていることも、実に興味深い。

ところで、尤優のイメージに重なるのは、実際にベルトルッチの『ラスト・エンペラー』の助監督を務めた寧瀛監督だ。やはり著名な外国人監督のそばで自らの北京を見つめる目を磨き、キャリアを築き上げた。前出の北京三部作のうちの『北京好日』や『スケッチ・オブ・Ｐｅｋｉｎｇ』、そして『夏日暖洋洋』(二〇〇一年)は、北京出身の監督が、まるで外国人であるかのように北京とあえて距離をおき、「観察者」になることでしか生まれ得なかった傑作だ。

そんな寧瀛監督の作品、**『無窮動』**(二〇〇五年)では、一度海外に出てから中国に帰国した、いわゆる「海帰派」の視点や実感がよく生かされている。

夫の浮気に気づき、しかもその相手が自分をよく知る相手だと知った妞妞(ニュウニュウ)は、春節の集いとして三人の女友達を家に招き、誰が浮気相手かを見極めようとする。みな海外での生活経験が豊富で、仕事の上でも成功しているが、話をしているうちに、華やかな表面の裏にあるプライベートな部分、つまり過去の記憶や恋愛観、離婚歴、祖国への感情などが浮かびあがってくる。海外での経験を通じて新たな視野を得ている登場人物たちの個性そのものが面白い上、犯人探しのもたらす微妙な緊張感と、なかなか謎が解けないもどかしさが、観る者を飽きさせない。

映画のタイトルは、速いテンポで一定の音符を繰り返すことを表す音楽用語と同名で、女性たちの内部で「うごめき続ける欲望」を表している。女性たちは、恋愛や家庭や結婚を含む生活のさまざまな方面で満足を得ようと、それまでの限界をしたたかに乗り越え、貪欲に食指を動かす。『無窮動』は、さまざまな分野で活躍が目立った、当時のそんなセレブ女性たちの実態を、少しだけ外に置いた目線から、内省的に描いた稀有な一作だ。

誘拐された香港スター

『イノセントワールド―天下無賊―』『解救吾先生』

「外からの視線」が中国大陸の映画にもたらした影響を考える上で、もう一つ、見逃せない存在がある。それは香港や台湾の映画界の影響だ。実際に中国で旅をしたことがある人なら体験しているだろうが、中国で長距離バスなどに乗ると、たいてい前のスクリーンに流れているのは香港のカンフー映画だ。大陸の人々の香港旅行が今のように便利になる前から、香港映画に登場するスターたちは中国の一般庶民にとっては熟知の存在であり、ゆえに彼らの大陸映画への進出は、大陸映画そのもののイメージやアイデンティティも大きく変えた。それは、大陸の映画が、香港や台湾の要素を取り込み、「中華圏の映画」へと脱皮していく予感をもたらした。

例えば現代社会の変化を敏感に捉えた作品を撮るのに長けた馮小剛監督は、二〇〇四年の**『イノセントワールド―天下無賊―』**（原題『天下無賊』）で主役に香港の著名スター、劉徳華（アンディ・ラウ）と台湾出身の劉若英（レネ・リウ）を起用し、代わりにそれまでの持ち味だった、北京方言独特のイントネーションを駆使したセリフ回しを抑え、北京のローカル色の強い映画監督というイメージを塗り替えた。

『イノセントワールド』で展開されるのは、スリやサギを生業として渡り歩く男女と、プロの盗賊団の頭、胡黎（きつねを表す「狐狸」と同音）、そして警察との三つ巴の戦いだ。

王薄（ワン・ボー、演＝劉徳華）と胡（フー・リー、演＝葛優）は、青海から北京へと向かう列車の中で、ともに傻根（シャーゲン）という、人を疑うことを知らない若者の金を狙う。その金は、傻根が長い時間をかけて廟の修復の出稼ぎでためた、嫁を迎えるための資金だった。だが王薄のパートナーで、腹に王薄との子供をみごもっていた王麗（ワン・リー、演＝劉若英）は、子供には詐欺師の子としての人生を送らせたくない、との思いから、王薄を感化し、盗みを思いとどまらせる。そして二人は「この世には賊などいない」という傻根の夢を破らぬよう、胡と必死の戦いを始める。

馮監督自身の手によるという脚本は絶妙だ。実はこの映画の原作は非常に短い短編で、構成的にも映画のそれとはだいぶ異なるものだが、映画ではそれに多彩な味付けをしており、盗賊の頭である胡が諭すように語る一句、「二一世紀は何がいちばん高価か？　人材だよ！」はその年の流行語にもなった。

各エピソードも、誇張されているのに、どこか現実味がある。例えば拝金主義を風刺した前半のシーンで、王薄は、ゆすりによって手にした高級車を乗り回しながら、門衛に怒鳴る。「住民の安全をちゃんと守れよ。高級な車に乗ってさえいれば、お前らは疑わない。でも、お金さえ持っていればいいやつなのかよ。お金持ってたって悪いやつはたくさんいるぜ」

閉じられた列車は、いわば腐敗した社会の縮図だ。それは素朴で良心を守る人々が食い物にされ、しかもそれがどこか組織化している社会であり、組織の統率がとれなくなると、トップは下を無慈悲に切り捨て、自分だけ大金をもって高飛びを図る。その一方で、良心を守ろうとする人々は、孤立し、傷つき、時には命さえ落とす。

この『イノセントワールド』の他にも、二一世紀の最初の十数年間、大陸と香港や台湾の映画人は合作によって、数々の大作を発表している。中でも、アメリカ、中国の合作による李安監督の『グリーン・デスティニー』や『ラスト、コーション』、アメリカ、中国、日本、台湾、韓国が共同で制作した『レッドクリフ』シリーズ、台湾を代表する監督、侯孝賢が唐代の伝奇小説を映画化した『黒衣の刺客』などの大作は国際的にも大きな反響を呼んだ。その一方で、陳可辛の『最愛の子』など、香港出身の監督が大陸の現実を深くえぐった社会派映画を撮るケースも出てきている。そもそも、近年の周星馳監督のヒット作、『西遊記～はじまりのはじまり

〜』、『美人魚』などは分類上は中国映画となっており、今や香港映画と大陸映画をはっきりと分けるのは難しい。

香港の映画人の中には、経済的には大陸に進出する方が有利だということで、すでに大陸に事務所を移した者が少なくない。だが、大陸が具える発展に有利な条件と、香港のファンや、香港における表現の自由度の高さとの間で板挟みになるケースもあり、なかなか大変なようだ。二〇一三年に広東省の政治協商委員になった周星馳は、政治的に中国寄りになったとして、一部のファンから批判を浴びた。

確かに北京にいると、香港、台湾の映画人と大陸の映画界や観衆の間の、微妙な摩擦を感じることがあり、ネット上でも時おり、「検閲のゆるい香港の映画に大陸の映画はチャンスを奪われている」などの不満が書きこまれているのを目にする。

二〇一四年に香港で民主化を掲げる学生たちによる雨傘革命が起きた時は、セントラルを占拠した学生たちを支持した劉徳華（アンディ・ラウ）や梁朝偉（トニー・レオン）、周潤発（チョウ・ユンファ）などの香港・台湾人スター二九人が、大陸の映画界から追放される、といった噂も広まった。その後、大陸の映画祭に劉徳華が呼ばれた時の、いわく言い難い、どこか緊張した雰囲気は、彼らの苦境をよく表しているように見えた。

そんな微妙な空気が抜けきらない二〇一五年という時期に封切られた丁晟監督の『**解救吾先**

生』は、実話に込められたメタファーが印象的な映画だった。

一〇年前に実際に起きた著名俳優、呉若甫の誘拐事件の顚末を映画化した同作は、迫真の虐待シーンや、当事者である呉若甫の刑事役での出演など、ディテールに関しても話題を呼んだ。だが何にも増して作品を特徴づけているのは、主演が劉徳華で、しかもたくましい刑事ではなく、哀れな人質役だ、という点だろう。

発端は北京の繁華街での誘拐事件。警察を装う男たちによって連れ去られた男は、人気スターの呉先生（演＝劉徳華）だった。主犯、華子にとって呉先生は「使い捨て」の金づるにすぎず、呉先生は命の危険にさらされる。華子は金だけが目的の香港の「同業者」のように、身代金を得たら人質を返すというような「ルール」を守ったりはしない。そもそも、華子の根には富める者への敵意があり、その目的は個人の利益以上に、「暴力の手段」を集めることなのだ。ここに、かつて匪賊呼ばわりされていた初期の革命軍の気質を読み取ることは難しくない。

カメラは北京の道路、繁華街、裏通り、胡同をたゆたいながら追いつつ、ここぞという時に、いかにも北方らしい、茹で餃子やリンゴを登場させる。まるでこれは香港的な刑事サスペンスの「北京版」なのだといわんばかりだ。映画の世界と現実、著名スターと一般庶民のギャップなどを風刺した台詞やシチュエーションも、極限的な状況を効果的に際立たせている。

だが、本作の一番の面白さはやはり、そういった対照性や、捕え‐捕えられる者の関係性の中に、何重もの、時に倒錯的な隠喩が感じられることだ。

そもそも香港と北方中国では、社会も歴史も風土も文化も大きく異なる。一国二制度は経済にしか適用されないことがますます明らかになり、政治風土の差がいろんな摩擦を生んでいる昨今、香港人である呉先生の「金だけでなく命までとるのか?」という問いはなんとも意味深だ。だが、いかに絶体絶命の境地にあっても、呉先生はユーモアや歌の力で、盗賊らの心をほぐしていく。

生まれ育った環境による「運命」の違いを強調する華子に、呉先生は同意するが、ここで華子という名が劉徳華の愛称、華仔とほぼ同じ意味なのが興味深い。つまり華子は北方の農村で生まれ、道を踏み誤ってしまった場合の華仔なのだ。どんなに華やかな才能も、機会に恵まれなければ反社会的な力となりかねない。そういった視点には、相手の立場に立つ懐の深さがある。

前にも述べた通り、香港の映画界は今、大陸と切っても切り離せない関係にある。呉先生が生還した時に流す涙は、自身も不条理な理由で中国の映画界から「干され」かけた経験を持つ劉徳華の心情を否応なく想起させる。

体調や信条を盾に、コカコーラも茹で餃子も拒否する劉徳華。本作はやはり、何者にも媚びず、香港と大陸の懸け橋になろうとしている彼への讃歌なのかもしれない。

さまざまな制約こそあれ、大きな流れでいえば、大陸映画の地平線は徐々に広がっている。それは視覚的にも明らかで、一番分かりやすい例は、ビザや検閲、そしてコストなどの壁を乗り越えてでも、海外ロケを行う映画が増えたことだろう。

私の知る限り、改革開放後の中国映画の中で、海外ロケのシーンが印象に残る最初の映画は、やはり謝晋監督の『乳泉村の子』だ。当時の日本の繁華街や民家だけでなく、鑑真ゆかりの唐招提寺なども出てくるこの映画は、仏教を介して日中の文化が深くつながりあってきたことを思い起こさせる作品でもある。

時代は下るが、同じく日本と中国が共有する伝統文化を背景にした作品に、天才棋士、呉清源の一生を描いた日中合作映画、**『呉清源　極みの棋譜』**（原題『呉清源』二〇〇六年）がある。『青い凧』以降、長らく監督業を禁止されていた田壮壮監督の映画界への本格復帰を印象付けた作品だ。この作品でもほとんどのロケが日本で行われた。柄本明や松坂慶子、そして仁科貴が起用されており、衣装デザインとプロダクションデザインではワダエミが活躍している。

◉『呉清源　極みの棋譜』（監督：田壮壮）

呉清源は囲碁を極めるために一四歳にして中国から日本に移住し、二〇一四年に一〇〇歳でこの世を去った。だがこの映画は彼の存命中に撮影されたもので、そのため、呉役の張震は大きなプレッシャーを感じたという。日本語を解さないはずの彼が操る日本語の滑らかさも意外だったが、それ以上に驚いたのがロケハンの入念さだ。日本をよく知っている者でも、日本の風景を再発見したような気分になれるというのは貴重で、一つ一つのシーンの光や構図、そして登場人物のしぐさや気質などへのこだわりも、海外の監督が日本を描いた映画としては、指折りの完成度に達している。

ちなみに、必ずしも海外ロケを行った作品ばかりではないが、日中の俳優が国境を越えてコラボした作品の数々は、徐々に大陸の映画界に新風を吹き込んでいる。例えば、上海に来た日本人駐在員（演＝渡部篤郎）とホテルのフロント係（演＝徐静蕾）の恋愛を描いた『最後の恋、初めての恋』（原題『最後的愛、最初的愛』二〇〇三年）、張芸謀が高倉健を主役に迎え、雲南を舞台に展開される父子の心の交流を描いた『単騎、千里を走る。』（原題『千里走単騎』二〇〇五年）、東京、台北、上海を舞台にした『アバウト・ラブ／関於愛』（原題『関於愛』二〇〇五年）、中井貴一と苗圃が主役の満州事変から日中戦争にかけてを舞台にした恋愛ドラマ、『鳳凰　わが愛』（原題『鳳凰』二〇〇七年）などが制作されているほか、二〇一三年には、上海からの留学生（演＝林志玲）をとりまく北海道夕張が舞台のラブストーリー、『スイートハート・チョコレート』（原題『甜心巧克力』）も公開された。恋愛映画が多いのは、「愛は国境を越える」という千古不易の道理、そして市場や検閲への配慮からだろう。いずれも大ヒットにはつながらず、大陸での公開が実現しなかった作品さえあるが、中には『スイートハート・チョコレート』のように、日本をおもな舞台にしていながら、日中関係が悪かった時期のゴールデンタイムに、国営テレビの映画チャンネルで放映された珍しい例もある。

一方で、日本の作曲家が音楽を提供するなどの、部分的な国際コラボも増えている。『見知らぬ女からの手紙』では、重要なシーンの音楽を日本人作曲家の久保田修が手掛けている他、二〇〇六年には、寧浩監督の出世作、『クレイジー・ストーン』の音楽を、当時すでに北京に拠点を移していたファンキー末吉が担当している。また二〇〇七年には、姜文の『陽もまた昇る』に久石譲が音楽を提供し、話題になった。

次に欧米をロケ地にした映画に目を向けてみると、やはり圧倒的な存在感を放っているのはアメリカだ。例えば、五億元の興行成績を記録した薛暁路監督の『**北京遇上西雅図**』(二〇一三年)などは、シアトルやニューヨークでロケを行った野心作で、二〇一六年には続編まで公開された。

富豪の愛人である文佳佳(演=湯唯)は、妊娠しているが、法律の関係で中国では出産が許されないため、北京からシアトルに渡る。自己中心的なところがある文佳佳はなかなか周囲に馴染めず、同居人との摩擦も絶えない。だがやがて、素朴で誠実な性格の華人、フランク(演=呉秀波)との出会いが、彼女に変化をもたらす。

まず先にスポットが当てられるのは、金ですべてを解決しようとする文佳佳の価値観や行動パターンだ。だがそんな彼女も、「不法な目的での海外滞在中にさまざまなトラブルに巻き込まれる」という究極の状態に置かれることで、虚飾をしだいに捨て去り、人間にとって本当に大切なことを確かめ始める。

だが、この映画の面白さは、そんなどこかありふれた流れより、ストーリーの合間に自然に挟まれた社会描写にある。

子供を産むことにも「許可証」が必要な大陸のシステム、華僑たちがたくましく営む出産ビジネス、資格社会の厳しさ、夫婦の経済力のアンバランスが生むひずみ。そんなちょっと不可解な社会や人間関係の諸相が、ウィットにみちた台詞や登場人物たちの背景から見えてくる。少し中国事情に詳しければ、「裸官」現象が暗示されていることにも気づくだろう。「裸官」現象とは、腐敗官僚が海外に愛人を送り込んでその子供に米国籍をとらせ、不正に蓄えた財産の海外移転を図る動きだ。

この映画を観てつい比較してしまうのは、一九九四年のドラマ、『北京人在紐約』(「ニューヨークの北京人」の意)や、お正月映画に明るいカリフォルニアの風景を持ちこんだ馮小剛の『遥かな想い』(一九九八年)だ。

『北京人在紐約』では、ニューヨークに渡った北京人夫婦が、苦労に苦労を重ね、果ては離婚という不幸まで乗り越えながら、夢を実現させていく。ニューヨークの華人の暮らしを生き生きと描いたこの作品のロケハンには、ニューヨークでの滞在経験が長く、のちに世界的なアーティストとして名を馳せる艾未未が協力したとされている。一方、『遥かな想い』でも、主人公の男女は、あくまでアメリカに留まって奮闘し、互いに惹かれあいながら、ともに老いるまで出会いと別れを繰り返す。

確かに『北京遇上西雅図』でも、主人公たちはアメリカで自分にとって大切な何かを見つけ、それらを手に入れるために前に進んでいく。ただ、気負いや夢を抱いて渡米し、貧しく不本意な暮らしから必死で這い上がろうとした一九九〇年代の作品の夫婦と比べ、フランクや文佳佳はもっと自然体でアメリカと関わっている。やはりこれは、海外旅行が比較的容易になり、中国の人々の間で、アメリカとの距離感がぐっと縮まった時代背景からだろう。

この他にも、海外ロケが大幅に取り入れられた作品には、北京からニューヨークに渡る女性を主人公にし、唐突ながらも、最後は九・一一など、実際に起きた大事件をも扱った『一生一世』（二〇一四年）、プラハ・ロケを全面的に取り入れた『あの場所で君を待ってる』（原題『有一個地方只有我們知道』二〇一五年）、日本を含む世界五カ所を舞台としたオムニバス映画『奔愛』（二〇一六年）などがある。

このように、さまざまなしがらみこそあれ、貪欲な表現の欲求に駆られた中国の映画人たちは、描かれる世界の地平線をつねに懸命に押し広げようとしている。その勇気や野心、拮抗や限界を感じ取りながら、彼らが発しているイメージやメッセージに想像を馳せ、表立って伝えられなかった何かにも耳を澄ませる。それが大陸映画をぐっと面白く観る秘訣であるように思う。

おわりに

激増した映画館

時期ははっきりと思い出せないのだが、確か二〇〇四年か〇五年頃のことだったと思う。北京から某地方都市に向かう夜行列車の中で、「今ちょうど、故郷の小さな町に映画館を建てる準備をしているところだ」という女性と出会った。夜行列車とはいっても、彼女がいたのは寝台車両ではなく、私と同じ座席だけの車両だ。だから、低い予算で駆け回っていたのに違いないが、彼女の顔はとても嬉しそうで、期待に満ちていた。

だが正直なところ、私には当時、その表情の意味が分かっていなかった。その頃はまだ、バラエティに富んだ海賊版DVDが街中に溢れていたからだ。そこで私はただ、今どき映画館を新たに開くなんて、ずいぶん奇特な人がいるものだ、と思っただけだった。

だが今思えば、彼女は波に乗ろうとしていたのだ。

二〇一五年、中国映画の年間興行成績は四四〇・六九億元に達した。その内の二七一・三六億元が国産映画によるものだとされている。WTO加入前は八・九億元足らずだったといわれているから、その額は五〇倍近くに膨らんだことになる。もちろん、中国の興行成績の統計はあまり当てにならないとされているし、チケット代も値上がりしているので、あくまで目安にすぎないが、それにしても大きな数だ。

シネコンを始めとする新たな映画館の建設も急ピッチで進行中で、二〇一五年にはスクリーンの増加数が八〇三五に達し、平均して一日で二二カ所増加している。同年、全国のスクリーン数は三一六二七に達したという統計もある。旧式の映画館の閉鎖が目立つ一方で、週末には単独で七〇万元近い売り上げを上げるマンモス映画館も登場し、二〇世紀末に危機的とされていた映画館の経営は、今やすっかり巨大なビジネスチャンスになった。

劇的な映画界の変化

そういったマーケットの急激な成長は、中国の映画界に牽引されたものでありながら、映画界自体をも大きく変えた。その変化の中には、興行成績を過度に意識した結果、映画が市場に踊らされているという、残念なものもある。

そういった過度の商業化を指摘し、批判する人は多い。だが、大躍進や文革などの記憶が生々しく、映画作品の意味がその政治的背景とあからさまに関連付けて読み取られた時代と、市場経済化、グローバル化の流れの中で、中国映画もある程度の商業化による生き残りを強いられた時代を単純に比べることはできない。初期の張芸謀や陳凱歌の創作を支えたのは、呉天明という、彼らの最良の理解者が率いた国営の映画撮影所だった。だが次の世代の映画人たちは、過渡期独特の恵まれた環境が失われ、海賊版の映像が氾濫する中で、ハリウッド映画を筆頭とする外国映画や香港映画と市場を争わねばならなかった。それらは検閲のない環境で制作された作品だった。

もちろん、本書でも紹介しているように、そんな激しい生き残り競争の中でも、一部の志ある映画人たちは、社会の変化に柔軟に対応しながら、それぞれ独自の表現の可能性を追求し続けた。変転めまぐるしい時代だからこそ、その変わらなさが光って見えた監督もいるし、テンポの良いコメディの形で、観客を広く巻き込みながら、社会を風刺した監督もいる。そんな中で、映画界の変化そのものを映画表現の中に大胆に取り込んだ、『ハッピーフューネラル』のような作品も生まれた。

共有し、共感する力

中国ではよく、「現実がフィクションより、劇的だ」といった言い方がされる。辺鄙な農村や社会の底辺では、まだ人身売買や貧困問題、エイズの流行や根強い男尊女卑などの問題が残り、知識人の世界では、自由な言論や思想の抑圧といった問題が目立つ。その一方で、体が直接蝕まれるほどの環境汚染や政府と大企業の癒着、暴力的な再開発、官僚主義の弊害といった、今の中国独特と思われる問題もある。拝金主義の風潮の中で生まれた、信じられないほど巧妙

な手口の詐欺なども、時おり新聞を賑わし、「憂うべきもの」、「解決が急がれるもの」として報道されている

映画制作に関していえば、そういった「事実がフィクションより奇異だ」といった中国社会の特質は素材の宝庫でもあり、弱みでもある。ときに「常識」や「自明のこと」と、「そうでないこと」との境を、中国独特の、海外の観客には分かりづらいものにしてしまうからだ。

その溝を埋めるのに、必要なものは現代中国をめぐる知識だけではないだろう。より大事なのは、彼らの抱える問題を、自分たちにもつながるものとして、共有できる力だ。

確かに日本と中国では、たどった歴史や社会を支える政治体制は大きく異なる。だが、歴史を戦前まで遡れば、因果関係はつながっている。それに、少し視野を広げれば、労働者の人権問題や、性の商品化、麻薬問題、貧富の差、限界集落の増加、政治批判の自粛など、日本と中国で共有している問題は決して少なくない。過去の歴史との向きあい方や、因習、伝統の継承、新しい家族観の受容、女性の権利や地位の問題など、程度や性質に差こそあれ、ともに議論できる課題もたくさんある。グローバル化が進み、世界がずいぶんと小さくなった時代だけあって、何らかの問題を深くつきつめて考えれば考えるほど、似たような課題の存在に気づかされるのが、今の日本と中国なのだ。

中国の抱える問題や、人々の生き方は一見特殊に見えるが、決してそこまで人ごとでもない。それを時にマジックリアリズムのような形で気づかせてくれるのが、私は新世紀の中国映画だ

という気がする。

触れる機会の減少

言うまでもなく、本書の主役は映画作品そのものだ。だが、残念なことに、本書で取り上げた映画の中には、日本ではなかなか観られないものも多い。「情報の氾濫」が顕著な時代でありながら、日本で公開されたり、DVD化されたりする中国映画は、極めて限られているからだ。上映権の値上がりや、アートシアター系の映画市場の縮小などが影響しているといわれる。つまり、原因こそ異なれ、情報に触れられないという現象そのものから見れば、厳しい検閲制度が中国にもたらしている閉鎖性を、日本は笑えない状態にある。その結果、陥っているのは、「知らないから観に行かない。観に行かないから知らない」の悪循環だ。

そして、理由こそ異なれ、中国で観られる日本映画もほぼ同様だ。政治、経済関係の情報の多さと比べると、ひどく対照的だといえる。

とはいえ、日本でも幸い、ロードショーや単館上映される場合とは別に、スクリーンで集中的に中国映画を観る機会はある。上映作品を中国映画に絞った東京の「中国インディペンデント映画祭」、「東京・中国映画週間」、「現代中国映画上映会」、東京中国文化センターによる「中国映画上映会」などだ。また、アジア映画全体にフォーカスを当てた「東京フィルメックス」や「大阪アジアン映画祭」、「アジアフォーカス・福岡国際映画祭」などでもある程度中国映画を観ることができる。「東京国際映画祭」でも毎年、中国映画が紹介される。台湾映画については、台湾文化センターで行われている「台湾映画上映会」などがある。

だが、これらの上映会は大都市、とくに東京に集中しており、それ以外の地方で中国映画に触れるのはずっと難しい。そんな中で矛盾を感じながらも、せめて概要だけでも、との思いからまとめたのが本書だが、当然のことながら、一冊の本で前後二五年以上にわたる中国映画の魅力を語り尽くすことなどできない。李少紅の『四十不惑』や『べにおしろい』、張芸謀の『秋菊の物語』、『上海ルージュ』、陳凱歌の京劇関連の作品など、紙幅やテーマの範囲などとの関係から扱えなかった映画は無数にある。

新しい時代の到来を感じさせた作品の中にも、割愛したものはある。その一つが、二一世紀初頭にネット上でデビューした大陸初の芸能人、雪村が二〇〇六年に発表した『新街口』だ。これは一九八〇年代の北京で、非合法の露店を営みながら夢をつむぐ若者たちのせつない青春をコメディタッチで描いた野心作だ。反日デモの直後に撮影されたものでありながら、時代の空気を伝えるものとして、シーンの合間に日本の昔のドラマやアニメなどが挿入されている。

本書の原稿は、これまで複数の媒体に書いてきた大陸映画の紹介記事をベースとし、それに取捨選択や加筆をする形でまとめた。出版にあたっては、夫でカメラマンの張全がスチールの収集やカバー写真の撮影のため奔走してくれた。「中国インディペンデント映画祭」を主催している中山大樹さんや、映画業界に詳しい加藤康子さん、安藤直子さん、岩波信江さん、金原瑞弥さんなどにも、さまざまな助言や手助けをしていただいた。また、晶文社の足立恵美さんや松井智さんにも、編集やスチール集め、リスト作りなど、さまざまな面でお世話になった。心から感謝の言葉を捧げたい。

二〇一六年一〇月　多田麻美

掲載写真クレジット一覧

p.25
『戦場のレクイエム』(監督:馮小剛)
© 2007 Huayi Brothers Media & Co.,Ltd.
Media Asia Films (BVI) Ltd.
All Rights Reserved.
DVD発売中　価格:本体3,800円+税
発売元:ブロードメディア・スタジオ
販売元:ポニーキャニオン

p.32, 292
『呉清源　極みの棋譜』(監督:田壮壮)
© 2006, Century Hero, Yeoman Bulky Co
DVD発売中　価格:本体4,800円+税
発売・販売元:エスピーオー

p.43
『ラスト、コーション』(監督:李安)
© 2007 HAISHANG FILMS
DVD発売中　価格:本体3,800円+税
発売元:フライングドッグ
販売元:ビクターエンタテインメント

p.76
『胡同のひまわり』(監督:張楊)
© 2005 Ming
DVD発売中
発売元:ショウゲート/販売元:ハピネット

p.120
『山河ノスタルジア』(監督:賈樟柯)
© 2015 BANDAI VISUAL, BITTERS END, OFFICE KITANO

p.147
『いつか、また』(監督:韓寒)
© 2014 LAUREL FILMS COMPANY LIMITED
DVD発売中　発売・販売元:(株)ファインフィルムズ

p.169
『最愛の子』(監督:陳可辛)
© 2014 We Pictures Ltd.
DVD発売中　価格:本体3,900円+税
発売・販売元:ハピネット

p.188
『薄氷の殺人』(監督:刁亦男)
© 2014 Jiangsu Omnijoi Movie Co., Ltd. / Boneyard Entertainment China (BEC) Ltd. (Hong Kong). All rights reserved.
ブルーレイ&DVD発売中
価格:ブルーレイ本体3,800円+税、DVD本体4,700円+税
発売元:ブロードメディア・スタジオ
販売元:ポニーキャニオン

p.217
『最愛』(監督:顧長衛)
© 2011, Stellar Mega Films Ltd, Hing Lung Worldwide Group Limited,
Beijing Harmony & Harvest Media Ltd,
Beijing Forbidden City Film Co,
Pioneer TV & Movie Production Ltd of Chengdu Media Group.
All Rights Reserved.

p.251
『グォさんの仮装大賞』(監督:張楊)
© 2012 Desen International Media Co.,Ltd
DVD発売中　価格:本体3,800円+税
発売元:コンテンツセブン
販売元:NBCユニバーサル・エンターテイメント

p.279
『世界』(監督:賈樟柯)
© 2004『世界』製作委員会
DVD発売中　販売元:バンダイビジュアル

※ブルーレイ、DVD発売情報は2016年10月現在。
※一部、クレジット表記のない作品は、著者が中国現地で許諾を得て入手した。

監督別主要作品リスト

- 名前のカタカナ表記は、原則として中国語の標準語の発音に準じる。実際の発音とはやや異なっていても、すでに日本で通用している表記であれば、そのまま採用した。
- 台湾や香港の監督については、一般に日本で通用している呼び方に従った。
- 大陸の監督は姓＋名、香港の監督は名＋姓の順に表記されることが多いが、五十音順は姓の読み方を基準とした。
- 日本で一般劇場公開または映画祭上映された作品については邦題を記し、( )内に原題を併記した。
- オムニバスと表記があるものは、同監督がその内の一編を担当していることを示す。

あ

安戦軍｜アン・ザンジュン

1996『紅棉襖紅棉褲』
2001『血性山谷』
2003『胡同愛歌』(原題：看車人的七月) ……… 229-230, 232
2005『定軍山』
2007『胡同里的陽光』
2009『天堂凹』
2009『万家灯火』
2010『驚沙』
2012『黒暗中的救贖』
2013『逆襲』
2015『北京時間』

い

厳浩｜イム・ホー｜1952年、香港生まれ。

1978『茄喱啡』
1979『夜車』
1980『公子嬌』
1984『ホームカミング』(原題：似水流年)
1986『天菩薩』(原題：天菩薩)
1990『レッドダスト』(原題：滾滾紅塵) …… 40-41
1990『棋王』(原題：棋王)、ツイ・ハークと共同制作
1994『息子の告発』(原題：天国逆子)
1996『太陽に暴かれて』(原題：太陽有耳)
1997『Kitchenキッチン』(原題：我愛厨房)
2001『楽園の女』(原題：庭院中的女人)
2005『鴛鴦と蝶々』(原題：鴛鴦蝴蝶)
2012『浮城』(原題：浮城大亨)

う

呉文光｜ウー・ウェングアン｜1956年、雲南省昆明生まれ。

1990『最後の夢想家たち』(原題：流浪北京) ……… 138, 141
1993『私の紅衛兵時代』(原題：1966,我的紅衛兵時代)
1995『四海為家』
1999『江湖』
2005『ファック・シネマ』(原題：操他媽的電影)
2010『治療』
2010『年青時打老虎』

呉天明｜ウー・ティエンミン｜1939年、陝西省三原生まれ。

1979『生活的顫音』、騰文驥と共同監督
1983『親縁』、騰文驥と共同監督
1983『標識のない河の流れ』(原題：没有航標的河流)
1984『人生』
1986『古井戸』(原題：老井) ……… 23, 152, 206-209, 252
1996『變臉　この櫂に手をそえて』(原題：変臉) ……… 152
1998『非常愛情』
2002『CEO最高経営責任者』(原題：首席執行官)
2016『百鳥朝鳳』 ……… 151-153, 252

王家衛｜ウォン・カーウァイ｜1958年、上海生まれ。5歳で香港に移住。

1988『いますぐ抱きしめたい』(原題：旺角卡門)
1990『欲望の翼』(原題：阿飛正伝) ……… 46
1994『恋する惑星』(原題：重慶森林)

1994『楽園の瑕』(原題:東邪西毒)
1995『天使の涙』(原題:堕落天使)
1996『wkw/tk/1996@/7'55"hk.net』
(原題:wkw/tk/1996@/7'55"hk.net)
1997『ブエノスアイレス』(原題:春光乍洩)
……270
2000『花様年華』(原題:花様年華)
2004『2046』(原題:2046)
2004『愛の神、エロス』(原題: Eros)、オムニバスの一編「エロスの純愛〜若き仕立屋の恋」
2007『マイ・ブルーベリー・ナイツ』
(原題:My Blueberry Nights)
2007『それぞれのシネマ』(原題:Chacun son cinéma)、オムニバスの一編「君のために9千キロ旅をしてきた」……62
2008『楽園の瑕　終極版』
(原題:東邪西毒　終極版)
2013『グランド・マスター』(原題:一代宗師)
2014『微愛之漸入佳境』

く

顧長衛 | クー・チャンウェイ | 1957年、陝西省西安生まれ。映画の撮影も数多く手がける。
2005『孔雀　わが家の風景』(原題:孔雀)
……92-98, 138, 144
2007『立春』……144-145
2011『最愛』(原題:最愛)……216-218
2014『微愛之漸入佳境』

関錦鵬 | スタンリー・クワン | 1957年、香港生まれ。
1985『女人心』
1986『チョウ・ユンファの地下情／追いつめられた殺意』(原題:地下情)
1987『ルージュ』(原題:臙脂扣)……66
1989『フルムーン・イン・ニューヨーク』
(原題:人在紐約)
1991『ロアン・リンユィ　阮玲玉』
(原題:阮玲玉)
1993『女とおんな』(原題:両個女人)、短編
1994『赤い薔薇　白い薔薇』
(原題:紅玫瑰白玫瑰)
1996『男生女相』
(原題:男生女相:華語電影之性別)
1997『私の香港』(原題:念你如昔)
1997『ホールド・ユー・タイト』
(原題:愈快楽愈堕落)
2000『異邦人たち』(原題:有時跳舞)
2001『藍宇〜情熱の嵐〜』(原題:藍宇)…270
2005『長恨歌』(原題:長恨歌)
2010『用心跳』
2011『香港四重奏II』(原題:香港四重奏II)、オムニバスの一編「上河図」
2014『放浪記』

管虎 | グアン・フー | 1968年、北京生まれ。
1994『頭髪乱了』
1996『浪漫街頭』
1999『再見,我們的1948』
2000『上車,走吧』
2002『西施眼』
2009『誰動了我的幸福』
2009『闘牛』
2012『殺生』……224-225, 233
2013『厨子戯子痞子』
2015『老炮児』……233-235
2016『奔愛』、オムニバス……296

し

謝晋 | シエ・ジン | 1923年、浙江省紹興市生まれ。
1957『女籃五号』
1961『紅色娘子軍』(原題:紅色娘子軍)
1962『大李小李和老李』
1965『舞台の姉妹』(原題:舞台姐妹)
1980『天雲山物語』(原題:天雲山伝奇)
1981『牧馬人』(原題:牧馬人)
1983『炎の女・秋瑾』(原題:秋瑾)
1984『戦場に捧げる花』
(原題:高山下的花環)

1986『芙蓉鎮』(原題:芙蓉鎮)………… 20-21, 23
1989『最後の貴族』(原題:最後的貴族)
1991『乳泉村の子』(原題:清涼寺鐘声)
………………………………………………………… 37-38, 291
1993『犬と女と刑老人』(原題:老人与狗)
1995『女児谷』
1997『阿片戦争』(原題:鴉片戦争)
2001『栄光のフォワードNo.9　女子サッカーに捧げる』(原題:女足九号)

賈樟柯｜ジャ・ジャンクー｜1970年、山西省汾陽生まれ。
1995『小山の帰郷』(原題:小山回家)
1997『一瞬の夢』(原題:小武)…………………… 99
2000『プラットホーム』(原題:站台)
…………………………………………………………89, 99, 278
2001『イン・パブリック』(原題:公共場所)、短編
2002『青の稲妻』(原題:任逍遥)…………… 99
2004『世界』(原題:世界)…………… 112, 277-280
2006『長江哀歌』(原題:三峡好人)
………………………………………………………… 99-100, 198
2006『東』(原題:東)………………………… 78
2007『私たちの十年』、短篇
(原題:我們的十年)
2007『無用』(原題:無用)
2008『四川のうた』(原題:二十四城記)
…………………………………………………………100-103, 104
2008『河の上の愛情』、短編
(原題:河上的愛情)
2010『海上伝奇』(原題:海上伝奇)… 45-46, 112
2011『我が道を語る』(原題:語路)…… 110-113
2013『罪の手ざわり』(原題:天注定)
…………………………………………113-118, 119, 230, 272
2015『山河ノスタルジア』(原題:山河故人)
………………………………………………………… 119-121

姜文｜ジャン・ウェン｜1963年、河北省唐山生まれ。俳優としても多くの作品に出演。
1994『太陽の少年』(原題:陽光燦爛的日子)
………………………………………………… 70, 81-83, 84, 92
2000『鬼が来た!』(原題:鬼子来了)… 35-36, 92

2007『陽もまた昇る』(原題:太陽照常昇起)
………………………………………………………… 36, 293
2009『ニューヨーク、アイラブユー』(原題:New York, I love you)、オムニバス………… 62
2010『さらば復讐の狼たちよ』(原題:譲子弾飛)
………………………………………………………… 36, 131-132
2011『看球記』、短編
2014『弾丸と共に去りぬ―暗黒街の逃亡者―』(原題:一歩之遥)……………………………… 36, 46

徐昂｜シュー・アン｜1978年、北京生まれ。
2015『十二公民』………………………… 62, 175-176

徐静蕾｜シュー・ジンレイ｜1974年、北京生まれ。女優としても多くの映画に出演。
2003『私とパパ』(原題:我和爸爸)…… 232-233
2004『見知らぬ女からの手紙』
(原題:一個陌生女人的来信)…………… 62, 293
2006『夢想照進現実』
2010『上司に恋する女』(原題:杜拉拉昇職記)
2011『親密敵人』
2015『あの場所で君を待ってる』
(原題:有一個地方只有我們知道)………… 296

薛暁路｜シュエ・シャオルー｜1970年、北京生まれ。
2010『海洋天堂』(原題:海洋天堂)
2013『北京遇上西雅図』……………… 62, 294-296
2016『北京遇上西雅図之不二情書』

す

孫周｜スン・チョウ｜1954年、山東省済南生まれ。
1987『コーヒーは砂糖入りで』
(原題:給珈琲加点糖)
1989『滴血黄昏』
1991『心の香り』(原題:心香)
1999『きれいなおかあさん』(原題:漂亮媽媽)
2002『たまゆらの女』(原題:周漁的火車)… 196
2007『命運呼叫転移』、
オムニバスの一編「山区」

2009『秋喜』
2012『我願意』
2015『不可思異』

孫鉄 | スン・ティエ
2004『最後的晩餐』
2005『北京の恋—四郎探母』(原題：秋雨) …… 28-29
2005『我的母親趙一曼』
2016『決不饒恕』

孫亮 | スン・リャン
2014『回家的騙子』、短編 …… 218
2016『判我有罪』 …… 162-163

ち

陳凱歌 | チェン・カイコー | 1952年、北京生まれ。
1984『黄色い大地』(原題：黄土地)
1986『大閲兵』(原題：大閲兵)
1987『子供たちの王様』(原題：孩子王)
1991『人生は琴の弦のように』
(原題：辺走辺唱)
1993『さらば、わが愛／覇王別姫』
(原題：覇王別姫) …… 92, 270
1996『花の影』(原題：風月)
1998『始皇帝暗殺』(原題：荊軻刺秦王)
2002『キリング・ミー・ソフトリー』
(原題：致命温柔)
2002『10ミニッツ・オールダー』
(原題：Ten Minutes Older)、オムニバスの一編「夢幻百花」 …… 62
2002『北京バイオリン』(原題：和你在一起)
2005『PROMISE無極』(原題：無極)
2007『それぞれのシネマ』(原題：Chacun son cinéma)、オムニバスの一編「チュウシン村」 …… 62
2008『花の生涯～梅蘭芳～』(原題：梅蘭芳) …… 31
2010『運命の子』(原題：趙氏孤児)
2012『捜索』
2015『道士下山』

陳卓 | チェン・ジュオ | 1978年、湖南省長沙生まれ。
2012『楊梅洲』 …… 274
2015『不期而遇』

陳宇 | チェン・ユー | 1971年、浙江省生まれ。
2011『蛋炒飯』 …… 94

陳正道 | レスト・チェン | 1981年、台湾生まれ。
2005『デスハウス　悪魔の館』(原題：宅変)
2006『花蓮の夏』(原題：盛夏光年) …… 270
2008『島』
2010『謊言大作戦』
2010『假戯真作』
2010『愛在微博蔓延時』
2011『ラブ・オン・クレジット』(原題：幸福額度)
2012『101回目のプロポーズ　SAY YES』
(原題：101次求婚)
2014『夫妻游戯』
2014『催眠大師』
2015『20歳よ、もう一度』(原題：重返20歳)

周星馳 | チャウ・シンチー | 1962年、香港生まれ。
1993『詩人の大冒険』(原題：唐伯虎點秋香)
1994『0061北京より愛をこめて!?』
(原題題：国産凌凌漆)
1996『食神』(原題：食神)
1996『008皇帝ミッション』
(原題：大内密探零発)
1999『喜劇王』(原題：喜劇之王)
2001『少林サッカー』(原題：少林足球)
2003『1:99電影行動』(原題：1:99電影行動)、オムニバス
2004『カンフーハッスル』(原題：功夫)
2008『ミラクル7号』(原題：長江七号)
2013『西遊記～はじまりのはじまり～』
(原題：西遊降魔篇) …… 287
2016『美人魚』 …… 288

趙亮｜チャオ・リャン｜1971年、遼寧省丹東生まれ。
1995『告別円明園』
2001『紙飛行機』(原題：紙飛機) ……………… 187
2004『在江辺』
2005『城市場景』
2007『罪と罰』(原題：罪与罰)
2009『北京陳情村の人々』(原題：上訪)
…………………………………………………… 171, 187
2010『在一起』……………………………… 214-215
2015『ベヒモス』
(原題：悲兮魔獣Behemoth)

張一白｜チャン・イーバイ｜1973年、重慶生まれ。
2002『恋する地下鉄』(原題：開往春天的地鉄)
…………………………………………………… 202-203
2005『アバウト・ラブ／関於愛』
(原題：関於愛)、オムニバス ……………… 293
2006『好奇害死猫』……………………………… 196
2007『夜の上海』(原題：夜・上海)
2008『秘岸』
2011『Go! 上海ラブストーリー』
(原題：将愛情進行到底)
2013『越来越好之村晩』
2014『匆匆那年』
2016『奔愛』、オムニバス ………………… 296
2016『従你的全世界路過』

張芸謀｜チャン・イーモウ｜1950年、陝西省西安生まれ。
1987『紅いコーリャン』(原題：紅高粱)
…………………………………………… 92, 222, 252
1990『菊豆』(原題：菊豆)
1991『紅夢』(原題：大紅灯籠高高掛)
1992『秋菊の物語』(原題：秋菊打官司)
1994『活きる』(原題：活着) ……………… 22-23
1995『上海ルージュ』
(原題：揺啊揺!揺到外婆橋) ……………… 46
1997『キープ・クール』(原題：有話好好説)
1999『あの子を探して』(原題：一個都不能少)
1999『初恋のきた道』(原題：我的父親母親)
…………………………………………………… 69, 208
2004『十面埋伏』
2005『単騎、千里を走る。』(原題：千里走単騎)
…………………………………………………… 293
2007『それぞれのシネマ』(原題：Chacun son cinéma)、オムニバスの一編「映画をみる」
…………………………………………………… 62
2010『サンザシの樹の下で』
(原題：山楂樹之恋) ………………… 69-71, 74
2011『金陵十三釵』……………………… 33-35
2014『妻への家路』(原題：帰来) ……… 71-75

陳可辛｜ピーター・チャン｜1962年、香港生まれ。
1988『移民世界』
1991『愛という名のもとに』(原題：双城故事)
1993『月夜の願い』(原題：新難兄難弟)
1994『君さえいれば／金枝玉葉』
(原題：金枝玉葉)
1996『麻麻帆帆』
1996『ボクらはいつも恋してる! 金枝玉葉2』
(原題：金枝玉葉2)
1996『ラヴソング』(原題：甜蜜蜜)
1999『情書』
2002『THREE ／臨死』(原題：三更)、オムニバス
2005『ウィンター・ソング』(原題：如果・愛)
2007『ウォーロード／男たちの誓い』
(原題：投名状)
2011『捜査官X』(原題：武侠)
2013『アメリカン・ドリーム・イン・チャイナ』
(原題：中国合伙人) ……………… 168, 277
2014『最愛の子』(原題：親愛的)
…………………………………… 168-170, 237, 287

陳果｜フルーツ・チャン｜1959年、広東省生まれ。5歳で香港へ移住。
1993『大鬧広昌隆』
1997『メイド・イン・ホンコン』(原題：香港製造)
1998『花火降る夏』(原題：去年煙花特別多)
1999『リトル・チュン』(原題：細路祥)

2000『ドリアン・ドリアン』（原題：榴蓮飄飄）
…… 124-125, 127
2001『ハリウッド★ホンコン』
（原題：香港有個荷里活）
2002『トイレ、どこですか？』（原題：人民公廁）
2003『1：99電影行動』（原題：1：99電影行動）、オムニバスの一編「子ブタは体調不良」
2004『美しい夜、残酷な朝』（原題：三更2）、オムニバスの一編「Dumplings」
2009『愛してる、成都』（原題：成都，我愛你）、オムニバス
2009『THE JOYUREI女優霊』
（原題：Don't Look Up）
2010『香港四重奏』（原題：香港四重奏）、オムニバスの一編「黄色いサンダル」
2013『迷離夜／Tales from the Dark』、オムニバスの一編「啓蟄」
2014『ミッドナイト・アフター』（原題：那夜凌晨、我座上了旺角開往大埔的紅VAN）
2015『My City』（原題：我們在島嶼写作2：我城）
2016『謀殺似水年華』

張猛｜チャン・メン｜1975年、遼寧省鉄嶺市生まれ。
2008『耳朶大有福』
2011『鋼のピアノ』（原題：鋼的琴）…… 103-106
2012『山上有棵聖誕樹』、短編
2014『勝利』
2016『一切都好』
2016『奔愛』、オムニバス …… 296

張楊（張揚とも表記）｜チャン・ヤン｜1967年、北京生まれ。
1998『スパイシー・ラブスープ』
（原題：愛情麻辣燙）…… 188, 199-200
1999『こころの湯』（原題：洗澡）
…… 76, 188, 208, 249-250
2001『昨天』…… 76, 140, 184-187
2005『胡同のひまわり』（原題：向日葵）… 75-77
2006『太陽花』
2006『帰郷』（原題：落葉帰根）
2010『無人駕駛』
2012『老人願』
2012『グォさんの仮装大賞』
（原題：飛越老人院）…… 250-252, 256
2015『ラサへの歩き方～祈りの2400km』
（原題：岡仁波斉）

張元｜チャン・ユアン｜1963年、江蘇省南京生まれ。
1990『媽媽』…… 139, 274
1993『北京バスターズ』（原題：北京雑種）
…… 27, 139-141, 149
1994『広場』（原題：広場）
1996『児子』
1996『インペリアル・パレス』（原題：東宮西宮）
…… 270-271
1999『ただいま』（原題：過年回家）…… 228-229
1999『クレイジー・イングリッシュ』
（原題：瘋狂英語）
2002『ウォ・アイ・ニー』（原題：我愛你）
…… 27, 200-201
2003『緑茶』（原題：緑茶）
2006『小さな赤い花』（原題：看上去很美）
…… 83-85
2008『達達』
2010『42 One Dream Rush』、オムニバス
…… 63
2012『床上関係』
2013『有種』
2013『艶遇』
2016『老板，我愛你』、短編

つ

蔡明亮｜ツァイ・ミンリャン｜1957年、マレーシア生まれ。20歳で台湾に渡る。
1992『青春神話』（原題：青少年哪吒）
1994『愛情萬歳』（原題：愛情萬歳）
1997『河』（原題：河流）
1998『Hole -洞』（原題：洞）

2001『ふたつの時、ふたりの時間』
(原題:你那辺幾点)
2001『神様との会話』(原題:与神対話)、短編
2002『天橋不見了』
2003『楽日』(原題:不散)
2005『西瓜』(原題:天辺一朶雲)
2006『黒い眼のオペラ』(原題:黒眼圏)
2007『それぞれのシネマ』(原題: Chacun son cinéma)、オムニバスの一編「これは夢」… 62
2009『ヴィザージュ』(原題:臉)
2013『郊遊〈ピクニック〉』(原題:郊遊)
2014『西遊』(原題:西遊)
2015『那日下午』

崔子恩 |ツイ・ズーエン |1958年、黒竜江省生まれ。
2001『旧約』
2002『丑角登場』
2003『講故事』
2003『哎呀呀,去哺乳』
2003『臉不変色心不跳』
2003『夜景』
2004『石頭和那個娜娜』
2004『死亡的内景』
2004『零語』
2004『星星相吸惜』
2005『我如花似玉的児子』
2005『WC呼呼哈嘿』
2005『短句』
2005『少年花草黄』
2006『副歌』
2007『我們是共産主義省略号』
2007『独生子,向上向下向左向右向前向後』
2009『誌同志』…… 270

崔健 |ツイ・チェン |1961年、北京生まれ。中国におけるロック音楽のパイオニア。代表曲は「一無所有」。
2009『愛してる、成都』(原題:成都,我愛你)、オムニバス
2014『藍色骨頭』…… 79-80, 271

て

田壮壮 |ティエン・チュアンチュアン |1952年、北京生まれ。
1982『紅象』
1984『九月』
1984『狩り場の掟』(原題:獵場札撒)
1986『盗馬賊』
1987『鼓書芸人』
1988『ロック青年』(原題:揺滾青年)
1988『特別手術室』
1991『清朝最後の宦官・李蓮英』
(原題:大太監李蓮英)
1993『青い凧』(原題:藍風箏)…… 79, 140, 291
2002『春の惑い』(原題:小城之春)、リメイク版
2004『茶馬古道系列:徳拉姆』
2006『呉清源　極みの棋譜』(原題:呉清源)
…… 31-32, 291-292
2008『ウォーリアー&ウルフ』(原題:狼災記)

刁亦男 |ディアオ・イーナン |1969年、陝西省西安生まれ。
2003『制服』
2007『夜車』
2014『薄氷の殺人』(原題:白日焰火)… 187-189

丁晟 |ディン・シェン |1970年、山東省青島生まれ。
2000『大驚小怪』
2008『アンダードッグ』(原題:硬漢)
2010『ラスト・ソルジャー』(原題:大兵小将)
2011『硬漢2　奉陪到底』
2013『ポリス・ストーリー/レジェンド』
(原題:警察故事2013)
2015『解救吾先生』…… 106, 288-290

と

鄧勇星 |トン・ヨンシン |1958年、台湾生まれ。
2002『7 - Eleven之恋』
2011『遠い帰郷』(原題:到阜陽六百里)
…… 125-127

に

寧瀛｜ニン・イン｜1959年、陝西省生まれ。
1990『有人偏偏愛上我』
1992『北京好日』(原題：找楽) …248-249, 258, 284
1995『スケッチ・オブ・Peking』
(原題：民警故事) ……… 258-259, 284
2001『夏日暖洋洋』 ……… 284
2002『希望之旅』
2005『無窮動』……… 284-285
2010『A面B面』 ……… 261-262
2010『天上人』……… 121-122
2014『オルドス警察日記』(原題：警察日記)
2015『浪漫天降』

寧浩｜ニン・ハオ｜1977年、山西省太原生まれ。
2001『木曜日・水曜日』(原題：星期四,星期三)
2003『香火～インセンス』(原題：香火)
2005『モンゴリアン・ピンポン』(原題：緑草地)
2006『クレイジー・ストーン～翡翠狂騒曲～』
(原題：瘋狂的石頭) ………106-109, 128, 130, 196, 293
2007『奇跡世界』、短編
2009『瘋狂的賽車』
2012『黄金大劫案』
2013『無人区』……… 128-131
2014『心花路放』

は

哈斯朝魯｜ハスチョロー｜1966年、内モンゴル生まれ。
2000『草原の女』(原題：珠拉的故事)
2003『紅い鞄　モォトゥオ探険隊』
(原題：心跳墨脱)
2006『胡同の理髪師』(原題：剃頭匠)
……… 27, 253-254
2007『長調』
2009『孟二冬』
2009『大地』
2011『中原女警』
2012『唐卡』

韓寒｜ハン・ハン｜1982年、上海市金山生まれ。小説家として広く名を馳せる。
2014『いつか、また』(原題：後会無期)… 145-148

白海浜｜バイ・ハイビン
2009『米香』 ……… 179-181
2016『山那辺有匹馬』

ふ

范立欣｜ファン・リーシン｜1977年、湖北省武漢市生まれ。
2009『帰途列車』 ……… 221-222
2014『我就是我』 ……… 149-151

非行｜フェイ・シン｜1970年、安徽省宿州生まれ。
2007『你好大腕』
2011『守望者：罪悪迷途』
2013『全民目撃』……… 172-174

霍建起｜フォ・ジェンチー｜1958年、北京生まれ。
1995『赢家』
1999『山の郵便配達』(原題：那山那人那狗)
……… 194
2000『藍色愛情』
2002『ションヤンの酒家』(原題：生活秀)
……… 194-195
2003『故郷の香り』(原題：暖)
2005『初恋の想い出』(原題：情人結)
2008『愚公移山』
2009『台北に舞う雪』(原題：台北飄雪)
2011『秋之白華』
2013『蕭紅』 ……… 41
2015『1980年代的愛情』
2016『大唐玄奘』

馮小剛｜フォン・シャオガン｜1958年、北京生まれ。
1994『永失我愛』 ……… 26

1997『夢の請負人』(原題：甲方乙方)
……………………………………………… 88-91, 268
1998『遥かな想い　チャイニーズ・ドリーム in USA』(原題：不見不散) ……………… 90, 295
1999『ミレニアム・ラブ』(原題：没完没了)… 90
2000『一声嘆息』 ……………………… 241-242
2001『ハッピーフューネラル』(原題：大腕)
……………………………………………… 262, 281-284
2003『手機』 …………………………… 242-243
2004『イノセントワールド—天下無賊—』
(原題：天下無賊) ……… 26, 27, 68, 179, 286-288
2006『女帝(エンペラー)』(原題：夜宴)
2007『戦場のレクイエム』(原題：集結号)
……………………………………………… 18, 24-26, 263
2008『狙った恋の落とし方。』(原題：非誠勿擾)
……………………………………………… 263-265
2010『唐山大地震』(原題：唐山大地震)
……………………………………………… 18, 50-53, 54
2010『狙った恋の落とし方。2』
(原題：非誠勿擾2) ……………………… 265-268
2012『一九四二』 ……………………… 18-19, 23
2013『私人訂製』

ほ

黄驥｜ホアン・ジー｜1984年、湖南省生まれ。
2012『卵と石』(原題：鶏蛋和石頭) …… 218-220

侯孝賢｜ホウ・シャオシェン｜1947年、広東省生まれ。1歳で台湾に移住。
1980『ステキな彼女』(原題：就是溜溜的她)
1981『風が踊る』(原題：風児踢踏踩)
1982『川の流れに草は青々』
(原題：在那河畔青草青)
1983『坊やの人形』(原題：児子的大玩偶)
1983『風櫃の少年』(原題：風櫃来的人)
1984『冬冬の夏休み』(原題：冬冬的假期)
1985『童年往事／時の流れ』
(原題：童年往事)
1987『恋恋風塵』(原題：恋恋風塵)
1987『ナイルの娘』(原題：尼羅河女児)
1989『悲情城市』(原題：悲情城市)
1993『戯夢人生』(原題：戯夢人生)
1995『好男好女』(原題：好男好女)
1996『憂鬱な楽園』(原題：南国再見,南国)
1998『フラワーズ・オブ・シャンハイ』
(原題：海上花) ………………………… 46
2001『ミレニアム・マンボ』(原題：千禧曼波)
2003『珈琲時光』
2005『百年恋歌』(原題：最好的時光)
2007『それぞれのシネマ』(原題：Chacun son cinéma)、オムニバスの一編「電姫戯院」… 62
2007『ホウ・シャオシェンのレッド・バルーン』
(原題：Le Voyage du ballon rouge)
2011『10+10』、オムニバスの一編「黄金之弦」
2015『黒衣の刺客』(原題：刺客　聶隠娘)
……………………………………………… 287

彭小蓮｜ポン・シャオレン｜1953年、湖南省茶陵生まれ。
1986『我和我的同学們』
1989『女人故事／女のものがたり』
(原題：女人的故事)
1996『犬殺』
1998『上海紀事』 ……………………… 46-47, 192
2000『可可的魔傘』
2001『満山紅柿　上山—柿と人とのゆきかい』
(原題：満山紅柿)、小川紳介が中断していた作品を追加撮影
2002『上海家族』(原題：仮装没感覚)… 230-232
2004『美麗上海』 ……………………… 63-66
2006『上海ルンバ』(原題：上海倫巴)…… 47-48
2008『夏の船　Kids in Shanghai』
(原題：我堅強的小船)
2009『紅日風暴—胡風と毛沢東』
(原題：紅日風暴)

彭韜｜ポン・タオ
2006『紅色雪』
2007『小蛾の行方』(原題：血蟬)
……………………………………………… 163-166, 168, 237

2009『流離』
2012『嫁ぐ死体』（原題：焚屍人）

ま

馬儷文｜マー・リーウェン｜1971年、江西省生まれ、ハルビン育ち。
2002『世界上最疼我的那個人去了』
2005『私たち』（原題：我們倆）…… 254-256
2008『我叫劉躍進』…… 130
2008『桃花運』
2011『巨額交易』

や

楊徳昌｜エドワード・ヤン｜1947年、上海生まれ。2歳で台湾の台北に移住。
1982『光陰的故事』、オムニバスの一編「指望」
1983『海辺の一日』（原題：海灘的一天）
1985『幼馴染み　タイペイ・ストーリー』（原題：青梅竹馬）
1986『恐怖分子』（原題：恐怖份子）
1991『牯嶺街少年殺人事件』（原題：牯嶺街少年殺人事件）
1994『エドワード・ヤンの恋愛時代』（原題：独立時代）
1996『カップルズ』（原題：麻将）
2000『追風』、短編アニメ
2000『ヤンヤン　夏の想い出』（原題：一一）…… 61-62

り

李安｜アン・リー｜1954年、台湾屏東潮州鎮生まれ。
1991『推手』（原題：推手）
1993『ウェディング・バンケット』（原題：喜宴）
1994『恋人たちの食卓』（原題：飲食男女）… 68
1995『いつか晴れた日に』（原題：Sense and Sensibility）
1997『アイス・ストーム』（原題：The Ice Storm）
1999『楽園をください』（原題：Ride with the Devil）
2000『グリーン・デスティニー』（原題：臥虎蔵龍）…… 287
2003『ハルク』（原題：Hulk）
2005『ブロークバック・マウンテン』（原題：Broke back Mountain）
2007『ラスト、コーション』（原題：色、戒）…… 42-45, 46, 287
2009『ウッドストックがやってくる!』（原題：Taking Woodstock）
2012『ライフ・オブ・パイ／トラと漂流した227日』（原題：Life of Pi）
2016『ビリー・リンズ・ロング・ハーフタイム・ウォーク』（原題：Billy Lynn's Long Halftime Walk）

李少紅｜リー・シャオホン｜1955年、山東省威海市生まれ。
1988『銀蛇謀殺案』
1990『血祭りの朝』（原題：血色清晨）… 222-224
1992『四十不惑』（原題：四十不惑）
1994『べにおしろい／紅粉』（原題：紅粉）… 224
1997『紅西服』
1998『幸福大街』
2004『恋愛中のベイビー』（原題：恋愛中的宝貝）
2005『生死劫』
2007『門』

李欣蔓｜リー・シンマン｜黒竜江省ハルビン生まれ。
2012『金牌,小姐和猫』
2013『親愛』…… 38-39
2015『有種你愛我』

李楊｜リー・ヤン｜1959年、陝西省西安市生まれ。
2003『盲井』…… 177-179
2007『盲山』…… 166-168

李玉｜リー・ユー｜1973年、山東省浜洲市生まれ。
1996『姐姐』
1997『守望』

1998『光栄与夢想』
2001『残夏』(原題:今年夏天) …… 271
2005『紅顔』
2007『ロスト・イン・北京』(原題:苹果) … 53, 54
2010『ブッダ・マウンテン〜希望と祈りの旅』
(原題:観音山) …… 53-56
2012『二重露光〜 Double Xposure』
(原題:二次曝光)
2015『万物生長』

劉傑 | リウ・ジエ | 1968年、天津生まれ。
2006『馬背上的法庭』 …… 171
2009『再生の朝に　ある裁判官の選択』
(原題:透析) …… 171-172
2010『碧羅雪山』 …… 210
2013『青春派』
2015『徳蘭』

劉浩 | リウ・ハオ | 1969年、上海生まれ。
2002『陳黙和美婷』 …… 212
2004『ようこそ、羊さま。』(原題:好大一対羊)
…… 212-213, 256
2007『底下』
2010『老那』 …… 256-257
2015『向北方』

劉氷鑑 | リウ・ビンジエン | 1963年、安徽省生まれ。
1995『硯床』
1999『男男女女』 …… 270
2001『黄色胡蝶藍胡蝶』
2002『哭泣的女人』
2004『春花開』
2007『傾城之愛』
2010『背面』
2011『嗨! 韓梅梅』

呂楽 | リュイ・ユエ | 1957年、天津生まれ。多数の映画で撮影も手掛ける。
1987『怒江、一条丢失的峡谷』
1998『趙先生』(原題:趙先生) …… 240-241
2003『美人草』(原題:美人草)
2006『小説』
2006『山郷書記』
2006『十三の桐』(原題:十三棵泡桐)
2013『一維』

林黎勝 | リン・リーション | 1969年、福建省生まれ。
2000『我愛長髮飄飄』
2011『消失的村荘』 …… 209-211
2012『ザ・クロコダイル〜人食いワニ襲来〜』
(原題:百万巨鰐)

る

路学長 | ルー・シュエチャン | 1964年、北京生まれ。
1997『長大成人』 …… 139-140, 186
2000『非常夏日』
2003『わが家の犬は世界一』
(原題:卡拉是条狗) …… 259-260
2006『租期』 …… 235-237
2008『両個人的房間』

陸川 | ルー・チューアン | 1971年、新疆ウイグル自治区生まれ。
2002『ミッシング・ガン』(原題:尋槍)
…… 130, 132
2004『ココシリ』(原題:可可西里) …… 132-133
2009『南京!南京!』 …… 30-31, 33, 35, 132
2012『項羽と劉邦　鴻門の会』
(原題:王的盛宴)
2015『九層妖塔』
2016『我們誕生在中国』

ろ

婁燁 | ロウ・イエ | 1965年、上海生まれ。
1994『危情少女　嵐嵐』(原題:危情少女)
1995『デッド・エンド　最後の恋人』
(原題:週末情人)
2000『ふたりの人魚』(原題:蘇州河)
…… 46, 190, 192-193

2003『パープル・バタフライ』(原題:紫胡蝶)
2006『天安門、恋人たち』(原題:頤和園) …… 190
2009『スプリング・フィーバー』
(原題:春風沈酔的夜晩) …… 271
2010『42 One Dream Rush』、オムニバス …… 63
2011『パリ、ただよう花』(原題:花)
2012『二重生活』(原題:浮城謎事) …… 190-192
2014『ブラインド・マッサージ』(原題:推拿)
…… 190, 272-274

わ

王小帥 ｜ワン・シャオシュアイ ｜1966年、上海生まれ。幼少年期を貴州省貴陽で過ごす。

1993『冬春的日子』 …… 141
1994『大遊戯』
1996『極度寒冷』
1998『ルアンの歌』(原題:扁担・姑娘)
…… 142-144, 149
1999『夢幻田園』
2000『北京の自転車』(原題:十七歳的単車)
…… 133-136, 140
2003『二弟』 …… 275-276
2005『青紅』 …… 59, 136-137
2008『我らが愛にゆれる時』(原題:左右)
…… 239-240
2010『重慶ブルース』(原題:日照重慶)
…… 196-198
2011『我11』 …… 59, 61-62, 136
2011『哨声嘹亮』、短編
2012『停留』、短編
2012『座標』
2012『遠方』、短編
2014『闖入者』 …… 57-59, 136
2015『玉米人』

王競 ｜ワン・ジン ｜1966年、江蘇省生まれ。

2003『方便面時代』
2007『一年到頭』
2009『無形殺』
2010『孩子那些事児』
2010『我是植物人』 …… 158-162
2012『風水』(原題:万箭穿心) …… 189-190
2013『大明劫』

王超 ｜ワン・チャオ ｜1964年、江蘇省南京生まれ。

2001『安陽の赤ちゃん』(原題:安陽嬰児)
…… 237-239, 244
2004『日日夜夜』
2006『江城夏日』
2009『重来』 …… 243-245
2011『天国』
2014『幻想曲』
2015『尋找麦卡尼』、未上映 …… 270

王全安 ｜ワン・チュアンアン ｜1965年、陝西省延安生まれ。

1999『月蝕』
2004『驚蟄』
2006『トゥヤーの結婚』(原題:図雅的婚事)
…… 66
2009『紡織姑娘』
2010『再会の食卓』(原題:団円) …… 66-69
2012『白鹿原』

王洪飛 ｜ワン・ホンフェイ

2009『米香』 …… 179-181

著者について

多田麻美

ただ・あさみ

1973年に大分県で生まれ、静岡県で育つ。京都大学卒業。京都大学大学院中国語学中国文学科博士前期課程を修了。2000年より北京在住。北京外国語大学ロシア語学院にて2年間留学後、北京のコミュニティ誌の編集者を経て、フリーランスのライター兼翻訳者に。おもなテーマは北京の文化と現代アート。著書に『老北京の胡同——開発と喪失、ささやかな抵抗の記録』（晶文社、2015年）がある。訳書に『北京再造——古都の命運と建築家梁思成』（王軍著、集広舎、2008年）、『乾隆帝の幻玉』（劉一達著、中央公論新社、2010年）、共著に『北京探訪』（東洋文化研究会、愛育社、2009年）、共訳に『毛沢東　大躍進秘録』（楊継縄著、文藝春秋、2012年）、『9人の隣人たちの声』（勉誠出版、2012年）など。

映画《えいが》と歩《あゆ》む、新世紀《しんせいき》の中国《ちゅうごく》

2016年10月30日　初版

著者　**多田麻美**

発行者　**株式会社晶文社**

東京都千代田区神田神保町1-11　〒101-0051
電話　03-3518-4940（代表）・4942（編集）
URL http://www.shobunsha.co.jp

印刷・製本　**株式会社太平印刷社**

ISBN978-4-7949-6937-8 Printed in Japan